Estimulación Temprana

UNA PUERTA HACIA EL FUTURO

Estimulación Temprana

UNA PUERTA HACIA EL FUTURO

5ª Edición

Francisco Alvarez H.

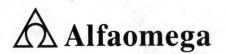

Estimulación temprana
Una puerta hacia el futuro
© Francisco Alvarez H.

ISBN 958-648-143-3, edición original publicada por
© **ECOE EDICIONES LTDA.**
Santa Fé de Bogotá, D.C., Colombia

© 2000 **ALFAOMEGA GRUPO EDITOR, S. A. de C. V.**
Pitágoras 1139, Col. Del Valle, 03100 México, D.F.

Miembro de la Cámara Nacional de la Industria Editorial Mexicana
Registro No. 2317

Internet: **http://www.alfaomega.com.mx**
Email: **ventas@alfaomega.com.mx**

ISBN 970-15-0608-1

Impreso en México - Printed in Mexico

CONTENIDO

PRESENTACIÓN

No es usual que un médico escriba un libro sobre Estimulación Temprana, pero Francisco Alvarez tiene sobradas razones y méritos para escribirlo.

La historia se remonta unos 18 años atrás, en la Fundación para la Educación Permanente en Colombia (FEPEC) y el Centro para el Desarrollo de la Educación No Formal (CEDEN), cuando iniciamos juntos el diseño y la operación del Proyecto Niños Inteligentes, con el apoyo de la Fundación Ford y del Saint Patrick College de Irlanda. En aquel entonces la estimulación temprana o estimulación precoz, era un concepto exótico que unía y dividía posiciones teóricas y profesionales: conductistas y piagetianos, psicólogos y educadores, terapistas y profesionales de otras áreas.

Era 1976; el proyecto Niños Inteligentes buscaba explorar las posibilidades que tenía, en el desarrollo físico y mental de niños menores de 2 años, un modelo de educación no formal en nutrición, salud y estimulación temprana. Allí comenzamos con Francisco a buscar y diseñar materiales impresos, audiovisuales, manuales, y otras estrategias, para lograr que las madres y la comunidad se adueñaran o apropiaran de los conocimientos y prácticas en salud, nutrición y estimulación, para favorecer y proteger el desarrollo de los niños. El álbum del niño, material diseñado y producido por Francisco, fue uno de los instrumentos más efectivos del proyecto, y el que de alguna manera influyó para que el médico, comprometiera gran parte de su vida profesional con la estimulación temprana para ser en la actualidad uno de los autores más sobresalientes en América Latina. Este compromiso ha continuado con Francisco en los diferentes campos y áreas en que se desempeña, como Médico Radiólogo, como administrador de la salud, como docente universitario, como investigador y como escritor. Mucho de lo que este libro dice se gestó en ese tiempo y se fue desarrollando y perfeccionando con su experiencia posterior.

Lo que ayer era exótico, hoy ya tiene un lugar reconocido dentro del ámbito profesional y familiar. Ya no se discute la validez y la importancia de la estimulación temprana. Inclusive un economista como Manfred Max-Neef, señala la estimulación como uno de los satisfactores básicos que deben ser tenidos en cuenta dentro del desarrollo social y económico de un país.

Sin embargo, el reconocimiento académico que tiene la estimulación temprana no implica que a nivel de la sociedad en general, de la vida familiar y de los profesionales de la salud, la educación y el desarrollo social, tenga la difusión requerida. Por eso nos alegra, como profesionales y como amigos, la cuarta edición de este libro; es un buen signo, que indica que lo que ayer era apenas un punto de discusión, hoy ya se está convirtiendo en cultura diaria. Y sólo cuando la ciencia se convierte en cultura es realmente útil a la sociedad.

Arnoldo Aristizábal A. - José Bernardo Toro A. - Martha C. Rodríguez G.

CAPITULO 1

EL NIÑO COMO OBJETO DE ANALISIS PSICOLOGICO

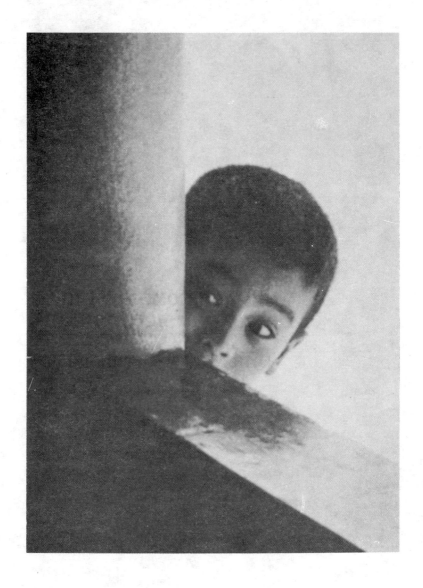

EL NIÑO COMO OBJETO DE ANALISIS PSICOLOGICO

Es indudable que el descubrimiento del niño como objeto de estudio psicológico fue uno de los grandes aportes de Freud, quien identificó una nueva perspectiva para interpretar las características y el desarrollo psíquico de los individuos y, por primera vez, determinó etapas infantiles como elemento básico para comprender los comportamientos y las alteraciones psíquicas del adulto.

Los trabajos de Freud sobre la infancia surgieron del análisis de los adultos, pero algunos hallazgos lo condujeron a dar una especial importancia a las primeras etapas del desarrollo psíquico. Planteó que las primeras causas de trastorno mental tenían su fuente y había que buscarlas en el desarrollo de estas etapas. Sus primeras conclusiones hacen referencia a la sexualidad infantil, y las confirmó cuando aplicó la técnica psicoanalítica en el tratamiento de un niño neurótico.[1]

Los aportes del psicoanálisis se complementaron con los hallazgos posteriores al aplicar su técnica en adultos y en niños y con los datos que suministraban otros psicoanalistas dedicados a su estudio. Fue fundamental la investigación de los mecanismos que impulsan al niño a jugar y el significado del juego dentro de su psiquis

El juego fue descubierto como una totalidad compleja pero coherente y de especial significado para el niño. Allí se podían identificar conflictos y soluciones a problemáticas infantiles. Antes de Freud, psicólogos, filósofos, y pedagogos habían estudiado el juego, pero sólo resaltaban aspectos particulares de su desarrollo, sin entrar a darles un marco general de análisis y, menos, una técnica que explicara algunos de sus fenómenos, como sí lo hizo Freud a través de la caracterización del inconsciente. En la teoría traumática del juego, Freud no excluye lo que en parte se había descrito, pero le da una explicación totalizadora. En la publicación del historial de Juanito,

---

1. Freud Sigmund. *Análisis de la fobia de un niño de 5 años*. Obras completas, tomo XV: Historias clínicas, Editorial Americana, Buenos Aires, 1943.

interpretó sus juegos, sus sueños y sus fantasías, como interpretó cuando observó y analizó el juego de un niño de 18 meses y descubrió los mecanismos psicológicos de la actividad lúdica. Identificó que el niño no jugaba únicamente a lo que le era placentero sino que también repetía situaciones que le eran dolorosas. La técnica traumática del juego no ha sido modificada en sus bases, pero está siendo utilizada para elaborar nuevas técnicas de acercamiento al inconsciente del niño tan complejo de explorar.

En diferentes apartes de sus obras, Freud relata actos de niños que sirven para interpretar sus neurosis; por ejemplo, en *Actos sintomáticos y causales describe el caso de un niño de 13 años que representa un síntoma; en el artículo Asociación de ideas en un niño de 4 años* señala la posibilidad de utilizar la expresión verbal temprana para la interpretación; en *psicología del colegial* estudia las reacciones de los muchachos frente a sus profesores como repetición de las relaciones con sus padres, y ofrece una explicación dinámica sobre las dificultades escolares como rechazo del aprendizaje y la desadaptación escolar. En *El análisis de la fobia de un niño de 5 años* Freud fijó las partes para la comprensión de análisis del lenguaje preverbal.

Los aportes de Freud, como el descubrimiento de la dinámica del inconsciente, la sexualidad infantil y la configuración y destino del complejo de Edipo, abrieron un nuevo camino para el estudio del niño; así cambió los conceptos sobre la dinámica de la niñez y la importancia de este estadio como base para la vida futura, a tal punto que esbozó áreas muy discutidas en la actualidad, como la angustia del nacimiento, que ha tenido importancia en otras áreas del conocimiento clínico, o el arquetipo de las futuras situaciones de ansiedad, idea que más tarde desarrollaron otros psicoanalistas como Rank, y abrió paso a quienes se ocuparon de la vida intrauterina, entre ellos, Arnoldo Rascousky (1954), y los integrantes del grupo de estudio psicoanalítico sobre organización vital del trauma del nacimiento[2]

---

2. Rank, Otto. *The trauma of Biuth*. Robert Brunner. New York, 1952.

y de las primeras etapas del desarrollo. Estas ideas constituyeron un aporte a la comprensión de la mente del lactante aún sin explorar. Estos planteamientos provocaron fuerte reacción y fueron objeto de crítica que aún hoy persiste. Las objeciones iniciales fueron producto del rechazo al cambio, de la falta de sustento probatorio de sus conclusiones y del aparente esoterismo de sus afirmaciones que hacían dudar de sus conceptos científicos.

Al aceptar la importancia de la vida infantil, otras críticas fueron planteadas en diferentes campos, tanto del área del psicoanálisis, como desde otros puntos de vista de la psicología y de la ciencia en general; pero es indudable que sus aportes abrieron la posibilidad de identificar al niño como sujeto actuante de su destino psicológico, ya fuera en la relación infantil con su sexualidad, o en la relación que establece con sus padres como antecedentes premonitorios a las relaciones futuras con diferentes objetos psicológicos.

Los aportes freudianos han sido el fundamento del moderno psicoanálisis y la base para que otros autores hayan desarrollado sólidamente las estructuras para nuevos alcances. Sobre la teoría psicoanalítica de Freud, Erikson ha realizado un verdadero avance; así lo reconocen varios teóricos modernos, manteniendo los principios psicoanalíticos pero incorporando los conocimientos actuales que sobre biología, psicoquímica y fisiología se tienen, y ha escrito su obra teniendo en cuenta los factores de cambio de una época y la transformación social lograda con grandes conocimientos científicos y políticos. Da valor a los procesos de socialización y coloca al hombre frente a su realidad y a las interrelaciones sociales que ocurren; le interesa la lucha del hombre por el control y la dominación de su sociedad.

Este autor ha estudiado con admiración a Erikson y considera que su aporte se sustenta en la importancia que da a la relación del individuo con sus padres dentro del contexto familiar, actuando en una sociedad concreta, y con una herencia histórico-cultural-familiar que influye sobre esa relación. Asimismo, no separa el crecimiento personal de los cambios sociales, ni los cambios del individuo de las transformaciones y las crisis del desarrollo histórico, y los hace depender unos de otros. Desde este amplio punto de vista, supera el triángulo freudiano niño-madre-padre, al ocuparse más de la dinámica familiar y su contexto sociocultural que del individuo aislado.

Freud identificó al niño como objeto de estudio psicológico, pero Erikson enfrentó los problemas propios del niño y ofreció las hipótesis y soluciones para su desarrollo y sus interacciones culturales. Así se convierte en un continuo de las teorías freudianas. Al introducirse en el mundo del niño, el juego pasa a ocupar un lugar predominante para comprenderlo, como lo es el sueño en el análisis de los adultos. Le da una importancia especial a la inducción que le hace el adulto y a los factores familiar-culturales sobre la psiquis del niño, ya que éste depende inexorablemente del adulto para sobrevivir.

Este autor integra el conocimiento de la antropología cultural, la psicología social y de la Gestalt, el desarrollo infantil, las artes y la historia para introyectar el mundo del infante; por eso sus aportes son tan importantes para educadores y profesionales de la psicología y del psicoanálisis.

Otro autor es el psicólogo Jean Piaget, que no pertenece al área del psicoanálisis pero que ha trabajado en el tema del desarrollo cognitivo del niño. Este científico epistemólogo y biólogo es tal vez el experto más importante en el tema del desarrollo humano. Ha influido en la creación de un nuevo campo del conocimiento, que colinda con la psicología, como es la epistemología genética, que va más allá de la psicología clínica, al tratar de dar respuesta a los problemas propios de la epistemología, mediante el estudio del desarrollo humano. El aporte científico de Piaget es uno de los pasos más importantes en las ciencias del comportamiento de la era moderna.

Piaget planteó y describió confortantes notas sobre la conducta de los niños, y advirtió que los procesos perceptuales y conceptuales son operaciones internamente interrelacionadas. Planteó que el desarrollo intelectual tenía diferentes caminos para la concepción de los objetos del espacio, la casualidad, del tiempo y le dio especial valor al afecto de la conducta humana cuando estudió el juego, los sueños y la imitación.

Para Piaget, el desarrollo es un proceso inalterable y evolutivo que puede ser identificado en fases y subfases, llamadas indiscriminadamente estadios. Cada estadio constituye una secuencia que se manifiesta dentro de un período de edad aproximado del desarrollo, que culmina en un equilibrio transitorio que se desvanece al ingresar a la siguiente fase. El ritmo del desarrollo es arbitrario y tiende a comportarse según lo planteado por Piaget. No le interesa la utilización del potencial del individuo en cada estadio, sino la secuencia de las fases que siempre es la misma y que se encuentran subordinadas a la edad; ésta ha sido una de sus enseñanzas más conocidas. La conformación de cada fase o estadio que posee pautas homogéneas del estilo de vida de un sujeto, en ese estadio sirven para identificar y evaluar las etapas de desarrollo. Piaget afirma que las fases son importantes para el análisis del proceso de desarrollo y son elementos útiles para la exposición del desarrollo cognitivo.

Otros autores, desde diferentes puntos de vista, han estudiado al niño como sujeto psicológico y han realizado aportes sobre diferentes aspectos que amplían el panorama de la comprensión del desarrollo, del comportamiento y en particular de la influencia de las etapas tempranas de la vida psíquica e intelectual del adulto.

De la teoría psicoanalítica se destaca Alfred Adler, representante de la escuela de psicología individual, quien no aceptó la distinción clínica entre consciente e inconsciente y el concepto de represión como mecanismo de defensa.

Esta escuela aportó al conocimiento psicológico la dinámica del *complejo de inferioridad,* es decir, la existencia de fenómenos psíquicos que hacen que un grupo de sujetos identifiquen como importante el hecho biológico de la diferencia entre ellos, que da como resultado la sobrevaloración de algunas características biológicas, belleza, fuerza, estatura y similares, que al conocerse se autoidentifican como inferiores.

El niño está consciente de sus múltiples inferioridades con respecto al adulto. Esta escuela también aporta el concepto de *estilo de vida*: cada individuo asume, alrededor de los 6 años, valores que lo acompañarán por el resto de su vida. Esto constituye su estilo y así tiende a comportarse durante toda su existencia.

Carl Jung identifica el concepto de energía psíquica al concebirla como una masa indiferenciada de energía vital, la cual impulsaría y sería el motor de todas las actividades de los sujetos. El inconsciente colectivo de Jung, una de sus grandes concepciones, hace referencia a elementos diferentes a los reprimidos en el inconsciente, heredados conceptualmente y analizados culturalmente, que permanecen en el inconsciente, y por este motivo se presenta la universalidad de mitos y conceptos en diferentes culturas.

Erich Fromm identificó la importancia de la influencia del medio ambiente en el individuo, desde el momento mismo de su nacimiento; de esta manera, la comprensión de su aparato mental sólo es posible dentro del contexto sociocultural-antropológico, por lo tanto la finalidad de la conducta humana no sólo está orientada a satisfacer los instintos biológicos y de supervivencia física, sino a otras necesidades psíquicas como el amor, el no poder, la fama y las ideas religiosas.

Otto Rank concibió el *trauma del nacimiento* como un sistema psico dinámico y consideró que el nacimiento es el primero y más fuerte trauma que experimenta el ser humano en su vida, ya que pasa de un estado de satisfacción y condiciones de seguridad y bienestar óptimas, a un estado conflictivo y agresivo.

Karen Horney identifica su teoría de la personalidad en el concepto de *angustia básica,* una experiencia de impotencia en un mundo hostil que se origina en los sentimientos de angustia, producidos por las actitudes de rechazo de los padres.

Harry Stacks Sullivan describe la empatía como la característica del niño para percibir las tensiones en el medio que lo rodea, y le atribuye gran importancia en su aculturación.

Theodore Reik propuso la hipótesis de que el inconsciente es capaz de recibir otro tipo de estímulos usualmente ancestrales, arcaicos ya desaparecidos durante el curso de la evolución, pero presentes de manera rudimentaria en la psiquis del individuo. Conceptuó que el *ideal egotal* constituye un nivel de aspiraciones, hacia el cual el ego tiende a actuar, y que es modelado tomando como ejemplo a los padres o personas que ejercen autoridad sobre los niños.

Melanie Klein y Ernest Jones, que constituyen las principales figuras de la escuela de Londres, reducen el psicoanálisis al estudio de los procesos inconscientes, Klein desarrolló las técnicas del juego *terapia lúdica,* vitalmente importantes en el conocimiento de la psiquis del niño, lo mismo que las asociaciones libres lo son para la psiquis del adulto.

Franz Alexander y Thomas French, voceros de la escuela de Chicago, conciben el conflicto neurótico como una interrupción del proceso de aprendizaje.

Tal vez, uno de los aportes más importantes en este concepto y que cambió en parte la psicología, es el ofrecido por el ruso Iván Pavlov, quien influyó significativamente en diversos pensadores e integró la escuela reflexológica o pavloviana, la cual ha ejercido un papel muy importante en el desarrollo de la psicología y la psiquiatría. Pavlov consideró fundamental la fisiología del sistema nervioso central, y conceptuó que los problemas psicológicos y psicopatológicos se debían a disfunciones del sistema nervioso central.

Con esta concepción tanto la memoria como el habla, las emociones, la actividad cognitiva y algunas interacciones sociales, son el resultado del funcionamiento de diferentes estructuras del cerebro y del sistema nervioso central.

Esta teoría aporta el concepto de los *reflejos condicionados* como reacciones aprendidas no características de la especie y dependientes del sistema nervioso central, y los *reflejos no condicionados* presentes desde el nacimiento y característicos de la especie humana.

Pavlov le da especial importancia al córtex humano, estructura que tendría una función analizadora, discriminatoria e integradora. Los reflejos no condicionados producen respuestas orgánicas características, pero si uno de ellos es asociado frecuentemente con un estímulo neutro, éste dejará su neutralidad y producirá una respuesta propia del reflejo condicionado; este fenómeno da origen a la aparición de un reflejo condicionado y así, mediante este método, es posible condicionar respuestas a cualquier estímulo y a cualquier área del funcionamiento corporal, cognitivo o conductal.

La escuela pavloviana ha crecido gracias al aporte de otros investigadores, como Kransnoforski, quien trabajó sobre las respuestas condicionadas en el infante; Kasatkin y Levokava con sus trabajos de la influencia en los tonos e intimidades luminosas en el condicionamiento deferencial de la capacidad de succión de infante, e Ivanov-Smolensky, quien trabajó sobre los reflejos condicionados en la alimentación del niño. En los Estados Unidos, con el aporte de Watson, se enriqueció la escuela pavloviana. Watson pretendió objetivizar la psicología al enfocarla como el estudio de la conducta, sin necesidad de hacer uso de conceptos mentales, y extendió este concepto a diferentes clases de aprendizaje.

La escuela watsoniana llegó a observar un gran número de diferentes aspectos de la conducta humana, y creó la *teoría del aprendizaje*, teoría que ha tenido muchos adeptos y ha soportado muchas críticas, pero se ha mantenido con algunos principios básicos a través del tiempo. Y así, como la teoría del aprendizaje se ha refinado, han aparecido nuevas tendencias que han diluido el dogmatismo de Watson.

B.F. Skinner, quien partió del campo experimental, puso de manifiesto la complejidad de la conducta, pero la identificó como una sumatoria de procesos simples. Skinner reconoce dos tipos de condicionamiento: el clínico o pavloviano y el condicionamiento operante en el cual la respuesta misma opera en el ambiente para producir ciertos resultados.

En los Estados Unidos se iniciaron métodos experimentales para estudiar la conducta, en un esfuerzo para conectar los conceptos psicológicos con el sistema nervioso central, y en el desarrollo de la teoría del aprendizaje aparecieron dos grupos de teorías relacionadas con el fenómeno de estímulo-respuesta. Una de ellas hace referencia a la importancia de la continuidad en la producción de condicionamiento, mientras que la otra resalta la recompensa o *refuerzo* como hecho fundamental en la producción de una respuesta condicionada.

Los seguidores de la teoría de la Gestalt, quienes ocuparon un puesto muy importante en la psicología de los siglos XVIII y XIX, consideran que la tarea del sujeto no es crear sino aprender el sentido y el significado de las partes de la totalidad que representa el mundo en que vive, pero con base en un poder discriminativo y de valores que ejerza una jerarquía en el proceso de selección.

Según este concepto, pensar no sería otra cosa que reorganizar las experiencias en perspectivas más precisas. En este panorama de las ciencias del comportamiento, muchos autores como Piaget, con su psicología evolutiva, o los aportes de la teoría de Gesell y Spitz, quienes dan importancia al desarrollo psicológico, han aportado elementos de interés para entender al niño como un todo complejo que tiene que ser estudiado de igual forma.

Arnold Gesell, en su teoría del desarrollo, considera que la conducta humana se explica a través de funciones mentales más complejas que hacen necesario el enfoque morfogenético para su explicación y, por tanto, la descripción y medida de las estructuras del aparato mental. La funcionalidad psicológica es complicada pero determinada por leyes reguladoras, posiblemente, las mismas que actúan dentro de la embriología humana. Gesell considera que el desarrollo es un proceso morfogenético que tiene unos estadios de evolución que poseen principios propios y que requieren de instrumentos particulares para su medición, Gesell, determina cuatro áreas en las cuales divide la conducta, y ubica en ellas la mayoría de los patrones visibles del comportamiento del niño; estas conductas son: motora, adaptativa, del lenguaje y personal social.

En todas estas teorías los autores han tratado al niño como un objeto de estudio y de valoración psicológica. En mayor a menor medida, también identifican que el quehacer psicológico del niño es importante para la vida futura del adulto, y que los aspectos mental, conductal o cognitivo del niño pueden ser influidos por el medio ambiente, llámese relaciones padre-niño, niño-sociedad inconsciente, inconsciente colectivo, trauma del nacimiento o etapas de desarrollo, y que de la confrontación dinámica entre el niño y los múltiples conceptos de la teoría de la psiquis, dependen finalmente los comportamientos y la cognición infantil.

Estos conceptos son resultado de la importancia que se le ha dado en los últimos años al análisis del niño y a las posibles formas de intervenir sus estructuras psíquicas y cognitivas, para augurarle, de una manera preventiva, un mejor desarrollo de ellas y, posiblemente, la ausencia de patologías que pueden presentarse como resultados de conflictos no resueltos, al mismo tiempo que se les ofrecen las posibilidades de desarrollar todas sus potencialidades que les asegure un futuro mejor.

La protección del niño

En el presente siglo, diferentes autores le han dado principal importancia al niño y al desarrollo de su psiquis por considerarlo premonitorio para la vida futura. Los primeros años de la vida del ser humano han sido identificados como cruciales para su futuro afectivo, intelectual, social y de salud personal. Parece evidente que durante los primeros años de la vida no sólo existe un proceso de maduración neural, sino una construcción de la inteligencia y de la personalidad individual.

Igualmente se han demostrado los efectos negativos que la desnutrición y la deprivación psicosocial ejercen sobre el desarrollo psicomotor, cognitivo, social, y los efectos positivos que programas de enriquecimiento del medio ambiente y protección nutricional han tenido sobre el desarrollo intelectual y físico de los niños.

Algunos países de América Latina, en sus planes de desarrollo económico, han identificado que la inversión en salud, nutrición y la protección materno infantil son de vital importancia para el futuro del país y, por tanto, han dado especial prioridad a estos programas, extendiéndolos incluso a los de atención al preescolar, con el fin de que directa o indirectamente beneficien las necesidades biológicas y psíquicas del infante. A pesar de la creciente importancia que los gobiernos han dado a la protección infantil, aún es muy deficiente con respecto a este problema, es notorio que las tasas generales de mortalidad y morbilidad son fuertemente influidas por la alta morbimortalidad infantil. Esto ha hecho pensar en la necesidad de definir nuevas estrategias, a las cuales se vinculen no sólo los servicios formales para la salud y el cuidado a los niños, sino también la misma comunidad y sus familias, a través de programas de amplia cobertura, que ofrezcan modalidades alternas, particularmente en aquellos grupos sociales más desprotegidos, en donde el ambiente psicosocial y las condiciones de salud son más negativas.

Sin embargo, desafortunadamente, pese a los teóricos que han trabajado dentro del campo del desarrollo infantil y que han obtenido muchos hechos comprobados científicamente, estos conocimientos no han influido positivamente en la crianza y en los diferentes aspectos que, sobre este tema, deben manejar las madres o cuidanderas de los infantes, los profesores y maestros de las escuelas, los promotores y auxiliares de enfermería, los médicos y los psicólogos y los profesionales del área de la salud. Toda la evidencia científica reposa dentro de los textos *sagrados* de la literatura científica y su acceso a ella se dificulta.

Más importante que este mismo problema, es el hecho de que estos conocimientos no están al servicio de las comunidades marginadas que son precisamente quienes más los necesitan por lo tanto se hace urgente que los gobiernos incorporen a sus planes de desarrollo la protección de la infancia, como estrategia prioritaria. Las necesidades de este grupo de edad son atendidas de manera sectorial, y aún falta la integración para un manejo coherente de otros sectores de los problemas del niño. El sector salud maneja independientemente de otros sectores los problemas de la nutrición, de la prevención de la salud y no tiene en cuenta su influencia y consecuencia para el sector educativo.

Es evidente que los conocimientos científicos actuales permiten identificar los primeros años de vida del ser humano que deben manejarse adecuadamente por ser fundamentales para el futuro, ya que esta edad influirá positiva o negativamente en el desarrollo del individuo, y es premonitoria de sus capacidades físicas y mentales que se tendrán en la adultez. Particularmente hay que tener en cuenta los estímulos psicosociales que tienen injerencia tanto en el desarrollo mental como en las relaciones sociales futuras, porque *La estimulación psicosocial temprana es probablemente uno de los conceptos más profundos en existencia hoy en día, si se considera su importancia en modelar el futuro de nuestra sociedad.* (Teodoro Tjossem, director del programa para el retardo mental y trastorno del desarrollo. National Institute of Child Health a Human Development National Institute of Health USA).

La estimulación temprana

Los orígenes de este concepto se remontan a los trabajos realizados por educadores con respecto al retardo mental en sujetos que tenían daños cerebrales, en busca de una recuperación de sus habilidades cognitivas; en parte, porque entre médicos, educadores y profesionales de la ciencia de la conducta existía el criterio de que la capacidad cognitiva era fija, invariable y que su desarrollo estaba predestinado genéticamente y que, por tanto, la inteligencia de la persona dependía más de una prehistoria desconocida e inmodificable que del quehacer diario. Hernán Montenegro, médico del Ministerio de Salud de Chile, cita a Eissember (1977) en su trabajo denominado justamente *El cultivo de los niños,* en el que expresa que *el granjero experto sabe que el éxito de una cosecha dependerá de la semilla que sembró y de las técnicas de cultivo que emplee. Las técnicas agrícolas estándar no serán igualmente apropiadas para todas las variedades diferentes de trigo. Todos los niños no son iguales. El respeto por sus individualidades temperamentales y cognitivas demanda métodos de crianza que sean sensitivos y respondan a estas diferencias individuales. Si la moderna genética tiene una lesión fundamental que darnos, es el enorme rango de variabilidad de los genes humanos... Esta multivariada diversidad humana interactúa con la experiencia en el curso del desarrollo, para producir una alta individualidad de los fenotipos. La resultante del desarrollo varía en idénticos ambientes por la diversidad genética y, a la inversa, ambientes diferentes conducirán a resultantes diferentes de desarrollo a pesar de una relativa identidad genética. Lo que los genes especifican es un rango de posibles resultantes; el resultado fenotípico es el producto de la interacción entre los determinantes genéticos y el medio ambiente encontrado por el organismo, incluidas tanto las vicisitudes de la vida intrauterina, como las influenciadas por la placenta, la nutrición materna y las variables inmunológicas, endocrinas y mutagénicas, acerca de las cuales estamos recientemente empezando a aprender.*

A comienzos del presente siglo y después de estudiar la inteligencia durante casi veinte años y desarrollar los primeros tests para su medición; Alfred Binet (1909) reacciona también contra este fatalismo diciendo: *Algunos filósofos actuales parecen haber dado su apoyo moral al deplorable veredicto de que la inteligencia del individuo es una cantidad fija ... Debemos protestar y actuar en contra de este brutal pesimismo... La mente de un niño es como la tierra de un campo, para la cual un experto agricultor ha diseñado un cambio en el método de cultivo, de tal manera que en lugar de tener como resultado una tierra desierta, obtengamos en su lugar una cosecha. Es en este sentido, el que es significativo, que decimos que la inteligencia de un niño puede ser aumentada. Aumenta lo que constituye la inteligencia de un niño en edad escolar, principalmente la capacidad para aprender, para mejorar con la instrucción.* Durante este siglo, autores como Freud y Piaget han identificado al niño como un elemento sujeto a un desarrollo que puede tener desviaciones de un comportamiento dinámico y progresivo y, por tanto, modificable positiva y negativamente.

Después de la Primera Guerra Mundial comienza a aparecer dentro de la psiquiatría el concepto de deprivación psicológica, claramente ligado al fenómeno de postguerra. En los países de América Latina es muy frecuente que los niños que se encuentran ubicados en instituciones de salud por circunstancias biológicas, no obstante tener condiciones de higiene y alimentación indispensable, presentan mayor número de infecciones y permanecen apáticos y sin respuestas al medio exterior. A este fenómeno se le catalogó como el *Síndrome de deprivación hospitalaria,* en los momentos actuales es usual su presencia en los hospitales de América Latina.

Estas observaciones provocaron un especial interés dada la sensibilidad particular de la postguerra, que veía en estos niños abandonados y huérfanos, un símbolo de los problemas emocionales de la sociedad.

Muchos trabajos posteriores realizados en parejas de gemelos o de hermanos demostraron que existía una mayor correlación entre los ambientes en que se criaron los niños, su nivel socioeconómico y/o su inteligencia, que con éstos y sus relaciones biológicas, y que si los niños de los orfanatos y entidades hospitalarias eran reubicados en ambientes más satisfactorios, con mayor percepción de estímulos, recuperaban rápidamente el contacto con su mundo exterior y mejoraban su nivel de inteligencia y de socialización. *Los Estudios de Iowa,* clásicos en la literatura de estimulación temprana, demostraron que estos niños se podrían recuperar y se integraban exitosamente a la sociedad.

Los trabajos presentados por Newman (1937) reportaron diferencias entre el cociente intelectual de gemelos univitelinos que fueron criados en ambientes distintos, postulándose, dado que su material genético era idéntico, que las diferencias encontradas eran producto de los ambientes distintos en que fueron criados. Estas conclusiones borraron las concepciones del determinismo genético de la inteligencia. Autores como Spitz (1945) y W. Goldfard (1943) plantearon la importancia del papel de la madre en los primeros años de vida del niño, y los efectos negativos de la institucionalización temprana; por ejemplo, ingreso escolar para la inteligencia y la personalidad futura del niño, que podrían llegarse a alterar de tal manera que los llevaría a tener comportamientos antisociales y psicóticos.

John Bowlby (1951), en su libro *Maternal Care and Mental Health,* recopiló la información que hasta la fecha se tenía sobre este tema, y concluyó que era necesario proporcionarle al niño, durante los primeros dos años de vida, un especial ambiente rico en estímulos y crearle un cálido afecto y relaciones emocionales satisfactorias con su madre biológica o con una madre sustituta. La falta de este lazo afectivo produciría trastornos mentales severos y, dependiendo del tiempo y la intensidad de la *deprivación materna,* podrían ser irrecuperables o irreversibles. Sin embargo, posteriormente, se pudo identificar que no era la existencia de una madre, sino una baja de la intensidad afectiva, que se puede producir en presencia de la madre biológica. (G. Howells y J. Caying, 1955). Esto resaltó la importancia de la estimulación psicoafectiva.

Los escritos de Piaget sobre el desarrollo de la inteligencia tuvieron una gran influencia en el cuidado cognitivo de los niños. Psicólogos y médicos iniciaron proyectos en los cuales ponían en práctica sus conceptos teóricos, mediante guías y currículums sobre el cuidado del niño. Para lograr un cambio cognitivo o un efecto preventivo sobre la psiquis. Otros autores, como Benjamin Bloom, en su libro *Satability and Change in Human Characteristics,* y John Mc. V. Hunt, en su libro *Intelligency and Experience,* revisan parte del conocimiento adquirido y dan aportes muy valiosos para confirmar que es posible intervenir y prevenir a la inteligencia. Es en esta etapa cuando comienza a hacerse evidente que no sólo la deprivación hospitalaria tiene influencia sobre el desarrollo cognitivo de los niños, sino también las relaciones entre la deprivación socioeconómica y los problemas de aprendizaje e inteligencia en los niños.

El estudio de las diferentes variables que influyen en el desarrollo de los niños, tanto físico como mental, se convierte en un elemento de análisis, para las partes médica y psicológica, y en 1965 el gobierno federal de los Estados Unidos pone en práctica el programa Head Start, con miras a prevenir y recuperar los efectos negativos de la deprivación que sufren los niños de los estratos económicamente más bajos, concepto que aparece posteriormente en América Latina, por las condiciones de deprivación que tienen que soportar muchos estratos de la población.

Los proyectos en América Latina se han caracterizado por tener una baja cobertura y porque sus hallazgos no han sido puestos al servicio de los programas masivos gubernamentales; muchos de éstos, de gran importancia científica, ni siquiera son conocidos por las personas que tienen a su comando la dirección del Estado. En América Latina las inversiones en salud y educación siempre son pocas, e internamente casi la totalidad del presupuesto se invierte en proveer servicios directos y casi nada en prevención, y menos aún en investigación y cuidado del medio ambiente. Se podría decir que ningún país hace inversiones sobre el estilo de vida y mejoramiento de la calidad de ella; por tanto, programas que busquen mejorar el ambiente, la salud mental y el estilo de vida son desconocidos a pesar de ser prioridad de los gobiernos.

Los progresos de la investigación y de la ciencia, particularmente lo que guarda relación con el desarrollo orgánico y funcional del individuo, han demostrado que las experiencias que sufre el hombre durante la vida influyen en su desarrollo psíquico y en su conducta. Se ha planteado una relación interdependiente entre lo orgánico y lo psíquico, sin que ello signifique que la parte orgánica determine lo psíquico, como algunas veces se pretende, sino que ésta es una relación de equilibrio. Los niños con problemas orgánicos cerebrales, o los adultos con daño cerebral orgánico, presentan trastornos en su conducta y en sus manifestaciones psíquicas, y se ha llegado incluso a confundir estas anormalidades, clasificándolas como síndrome psíquico-psiquiátricos, conocidas por los médicos como trastornos psicosomáticos o reacciones conversivas, cuando estos problemas de desajuste emocional somatizan síntomas. Aquí el psiquismo actúa como parte orgánica. De igual manera, se ha planteado que algunas conductas y experiencias de la vida pueden llegar a alterar aspectos funcionales y anatómicos del sistema nervioso central, los órganos sensoriales y el sistema endocrino.

Muchos experimentos han demostrado que la falta de estímulo afecta algunos órganos; según conocidos estudios con pollos recién nacidos, a los cuales si se les mantiene en la oscuridad por más de 20 días sufren atrofia retiniana irreversible por falta de estímulo luminoso (1974). Otros estudios han confirmado lo mismo en gatos recién nacidos, en los que no sólo se encontró daño retiniano, sino también lesiones en el sistema nervioso central a nivel de corteza. (W. Wilzeth, 1968, Hubel, 1963).

Es evidente que es casi imposible hacer experimentos de esta naturaleza en humanos, y únicamente se cuenta con casos excepcionales de sujetos que han sido sometidos a pruebas de privación no controladas y en quienes ha sido posible demostrar aspectos similares. Se sugiere, a pesar de las restricciones que plantean las extrapolaciones, que una grave deprivación temprana de estímulos sensoriales puede afectar en mayor o menor grado diferentes órganos, hasta el punto que la ausencia de estos estímulos no sólo afecta el desarrollo cognitivo, sino también la integridad orgánica.

El daño de la deprivación sensorial puede afectar al órgano y las estructuras del sistema nervioso central. La mayoría de las experiencias se han realizado en animales y tienden a demostrar que el peso cortical de animales criados en ambientes pobres en estímulo, tiene un peso distinto al de los estimulados, al parecer esto corrobora la hipótesis de que el estímulo modifica la actividad biológica y funcional de la corteza. Otros estudios plantean que las condiciones de deprivación, al modificar condiciones anatómicas y bioquímicas, tienen efecto sobre el aprendizaje en sujetos de laboratorio.

Estos hechos tienen especial significado en el humano, dado que la maduración cerebral no culmina en su etapa fetal, sino que continúa en los primeros años de la vida, particularmente en los dos primeros, de tal forma que cualquier lesión por falta de estímulo influiría negativamente en el desarrollo cerebral del infante. Especialmente, como se describió anteriormente, es en este período cuando ocurre la mayor parte del desarrollo y maduración del sistema nervioso central, como sucede con la proliferación de dendritas que crecen el 80% después del nacimiento.

También se considera que el ambiente influye sobre los cambios hormonales en períodos críticos del desarrollo. Algunas experiencias con animales han demostrado cambios en la respuesta hormonal, como aumento en la liberación de ACTH, particularmente ante el stress, que cambia en forma futura el comportamiento y la respuesta adaptativa al medio ambiente. Los estudios de esta área no han tenido una repercusión concreta en el humano.

Existe un consenso en los diferentes estudios, al valorar las experiencias en períodos tempranos de la vida, para los efectos psíquicos y orgánicos, y la conducta final en las actividades del adulto. Muchos estudios han concluido ratificando que la deprivación nutricional y psíquica en niños produce alteraciones en el desarrollo cognitivo y en la capacidad de aprendizaje, y por tanto, influye en la capacidad de resolver problemas del adulto y en la manifestación de conductas anormales asociadas en diferentes áreas y patrones de comportamiento socialmente inadaptados; ésta es la razón del interés en los procesos de estimulación temprana y salud, para eliminar las experiencias negativas, fomentando los estímulos positivos, que logren un desarrollo físico cognitivo adecuado y permitan asegurar una estructura total, con mayor posibilidad de éxito.

El valor de la madre como estímulo

Numerosos estudios han buscado relacionar las experiencias tempranas de los niños con las manifestaciones de su vida futura, y le han concedido especial importancia a la relación madre-hijo, como un factor primordial que influye en el desarrollo humano.

Las experiencias se han centrado sobre el valor de la madre como estímulo positivo, y sus conclusiones se orientan a concederle un valor primordial a la presencia materna como apoyo para un desarrollo infantil normal, dado que la madre crea un ambiente positivo para el niño. Las observaciones de los niños institucionalizados mostraron que éstos desarrollaban rasgos de comportamiento patológico e hicieron pensar que la ausencia de la madre era uno de los factores que incidían en este comportamiento que se agravaba, porque en la institucionalización ocurrían varias condiciones negativas, sin que apareciera claramente una figura sustitutiva de la madre que desempeñara su función social y afectiva. En estos estudios fue evidente que concurrían simultáneamente dos eventos: la ausencia de la madre y las condiciones negativas físicas y ambientales de las instituciones, que no eran las más favorables; así, un análisis integral ha planteado que las deficiencias encontradas en los niños se podrían deber tanto a la ausencia de la madre como al ambiente físico y material empobrecido, en donde el niño se desarrolla y adquiere sus experiencias cotidianas.

Algunos experimentos en animales demostraron que éstos asumían temperamentos bizarros cuando los separaban de su madre tempranamente, o cuando se les cambiaba la madre por una sustituta. En estos animales se observaron conductas de autoagresión, alteraciones de la conducta sexual y afectiva, y particularmente un comportamiento social inadecuado con los demás de su especie.

Algunos autores han tratado de asociar la relación afectiva madre-niño, en el ámbito de la supervivencia no sólo desde el punto de vista de salud y nutricional sino psicológico, dada la intensa relación de afectividad de la madre y el niño. La importancia de la madre en la crianza del niño ha sido develada a partir de las observaciones y estudios realizados en los niños institucionalizados en salas cuna, hospitales u orfanatos, particularmente en la época de la postguerra europea, y también en trabajos más actualizados en donde se ha identificado no sólo la necesidad de la presencia física materna sino también la necesidad de realizar actividades dirigidas para estimular el desarrollo del niño.

Los niños de la postguerra, huérfanos, a quienes la sociedad como compensación les prodigó especial cuidado, paradójicamente se enfermaban mucho más y permanecían apáticos, llegándose a conformar el *síndrome del niño institucionalizado*. Características similares se observan en niños criados actualmente en instituciones en donde se ha encontrado que presentan bajo rendimiento intelectual, retardo en el lenguaje y conductas socioemocionales bizarras, y aunque no existe una clara determinación de la edad crítica para que ocurran estos daños, se ha pensado que están directamente relacionados con la edad temprana de abandono, con la prolongación de la institucionalización y con el pobre ambiente de estímulo de las diferentes instituciones.

Al medir de manera global la inteligencia de un niño se exploran diferentes áreas del desarrollo intelectual. Algunos autores han profundizado sobre estas áreas y han encontrado déficit en algunas de ellas en los niños institucionalizados. Especialmente en el área del lenguaje que parece ser una de las que más tempranamente se lesionan. Si se comparan los coeficientes parciales de estos niños con los coeficientes de otros niños criados por su propia madre, éstos últimos obtienen mejores puntajes. Por ejemplo se ha observado la deficiencia en la conducta exploratoria visomanual en niños institucionalizados de 3 a 4 meses de edad, así como la deficiencia en la coordinación visomotora. Aún existen dudas sobre estos resultados, dado que los tests evalúan de manera global el coeficiente intelectual o el desarrollo, sin embargo lo que parece evidente es que el rendimiento intelectual y el de desarrollo de los niños subestimados se ven afectados.

La primera función lesionada es el lenguaje que muestra notorio retraso en niños institucionalizados, tanto en la cantidad de la verbalización como en la calidad de ella, especialmente en el segundo año de edad, que es cuando aparece el lenguaje como función simbólica, no obstante en otros trabajos más recientes se ha encontrado retraso similar tanto en lenguaje como en otros campos a partir del primer semestre de vida.

Además del lenguaje, también se observa que el rendimiento intelectual, global y la conducta social y emotiva de los niños sufren alteraciones. (Spitz y Wolf, 1946). Igualmente se han observado regresiones en el comportamiento de las funciones intelectuales de los niños separados de su madre, reacciones socioafectivas patológicas que Spitz y Wolf han llamado *depresión anaclínica* que se caracteriza por reacciones emocionales violentas y que cursa hacia la apatía y el retraimiento, incluso con regresiones fisiológicas. Algunos de estos rasgos patológicos persisten hasta la adolescencia y la edad adulta, manifestándose con personalidad anormal y con rechazo a las normas sociales, agresividad y sentimiento de culpa que llevan a un comportamiento sociopatológico, con rasgos que señalan la necesidad de afecto.

Las manifestaciones de alteraciones en la conducta de los niños, que se han separado tempranamente de la madre física (institucionalizados o no), identifican la importancia del afecto materno. La madre entra en contacto con el niño al mismo tiempo que le prepara, organiza y enriquece su medio ambiente físico y psicológico. A pesar de que la ausencia materna es el denominador común en muchos estudios, y que las alteraciones psicológicas y físicas desaparecen al restituirse la relación madre-hijo, se pensó que en esta relación afectiva estaba la causa del retraso del desarrollo intelectual y global del niño. Sin embargo, la variabilidad de las respuestas y el hecho de encontrarse síndromes similares en niños no institucionalizados y en algunos con madre real, hizo pensar que las manifestaciones negativas en el desarrollo eran el resultado de una suma de diversos factores negativos en donde la ausencia materna cumple un papel preponderante.

La presencia de una madre cambia en un alto porcentaje el ambiente del niño de manera positiva, pero su ausencia no necesariamente implica la deprivación ambiental; cuando el niño está hospitalizado su apatía se acompaña de procesos patológicos de salud, lo que crea una condición biológica negativa y una captación más pobre del ambiente.

La presencia física de la madre tampoco asegura un contacto afectivo ni un enriquecimiento del ambiente y, en muchos casos, como ocurre en las familias en donde los dos padres trabajan, o en donde la madre no tiene y demuestra afecto hacia sus hijos, el niño sufre una *deprivación materna,* aunque cuente con la presencia física de su progenitora.

En las familias pobres con varios niños, en donde la supervivencia está determinada por factores socioeconómicos, el niño es un elemento olvidado en el hogar y no desempeña una función importante ni en el afecto ni en el ambiente familiar y se constituye lo que este autor denominó el *síndrome de no percepción del niño,* caracterizado por el olvido y descuido del niño por la familia, por no suplir las necesidades básicas infantiles, tanto nutricionales y de salud, como afectivas.

En situaciones patológicas de la relación madre-hijo originadas por madres anormales, a pesar de la presencia física, el afecto y apoyo emocional son inadecuados; en las sociedades económicamente más pujantes se presenta el *síndrome del niño maltratado,* que supone una madre que agrede a su hijo por causas y/o situaciones emocionales y se requiere la separación de la madre y el niño para asegurarle a éste su supervivencia.

A pesar de que la presencia materna no asegura la ausencia de problemas en el desarrollo psíquico, parece ser que sí permite, de manera preventiva, una protección intelectual del niño, si la madre asume esta función positivamente. Esta relación de protección del desarrollo intelectual madre-niño es particularmente importante en los menores. Sptiz y Wolf demostraron que niños que han tenido una relación positiva con la madre entre los 6 y 9 meses de edad, y que han sido retirados de ésta, presentaban serios trastornos emocionales.

La mayoría de datos hacen suponer que la separación materna es por sí misma traumática, así se acompañe de deprivación ambiental o no, porque por lo general esta separación está ligada a un cambio negativo en el ambiente. Los datos encontrados han hecho pensar que ambientes limitados, pobres en los estímulos, conducen a desarrollos cognitivos deficientes y que, por el contrario, ambientes enriquecidos tempranamente con estímulos y experiencia adecuadas producen mayor desarrollo cognitivo, y que la madre afectiva es una generadora de ambientes positivos.

Además del aporte cognitivo, la madre es en sí misma la que más enriquece el ambiente que rodea al niño. Ella le habla con frecuencia, le organiza su medio, le alimenta y ejerce sobre él una protección física, todo lo cual en conjunto hace que se enriquezca el lugar donde crece el niño.

Un gran problema para los países del Tercer Mundo es la falta de la madre física, ya sea por abandono o por la necesidad del trabajo, sin que ocurra una real sustitución materna. En muchos hogares quien cuida al niño es su hermano que usualmente está entre los 5 y 12 años. Por este motivo se ha pensado que ante la ausencia de la madre real o transitoria es fundamental recurrir a la recuperación del ambiente, a través de su enriquecimiento, el entrenamiento a la madre sustituta o a los adultos y niños cuidanderos, para que como sustitutos de la madre en las tareas de ésta asuman esta responsabilidad más técnicamente y apoyen más el desarrollo del niño. Asimismo, es urgente formar profesionales para que en las instituciones y las guarderías infantiles enfaticen el enriquecimiento del ambiente y eviten daños en la estructura cognitiva del niño.

Conceptos básicos

Little (1861) identificó la relación entre el sufrimiento fetal durante el parto y la aparición de numerosas anomalías físicas e intelectuales, observación que ha sido ampliamente confirmada, no sólo en el proceso de parto sino en la vida intrauterina, a tal punto que hoy se sabe que cerca de un 40% en los niños con problemas intelectuales orgánicos son debidos a lesiones producidas en el período prenatal. De allí la importancia de una prevención oportuna, y la necesidad de establecer un diagnóstico y un tratamiento precoz, para evitar y mejorar los estados producidos por estas lesiones, incluso disminuyendo el efecto de las anomalías producidas. Hoy día la mayoría de los investigadores están de acuerdo en que es necesario *proteger* y *estimular* adecuadamente el organismo durante su período de crecimiento con el fin de prevenir daños en el desarrollo físico, mental y social, particularmente en la edad en que el sistema nervioso central está en desarrollo y es moldeable, plástico y fácilmente lesionable, pero también asequible a los estímulos, con lo cual se lograría la potencialización máxima de las condiciones físicas y mentales del niño.

Sin embargo, el tipo de estímulo cognitivo y el cuidado físico no debe ser anárquico sino apoyado con bases científicas, mirando las pautas de desarrollo, físico y mental del niño y las técnicas que se han empleado para lograr darle un óptimo cuidado. Esta estimulación y cuidado deben ser sistemáticas y secuenciales y tener control periódico para su evaluación. La sistematización radica en que es una labor permanente, diaria, bajo esquemas acordes con la edad de desarrollo y con el medio ambiente en que se viva; también posee una secuencia en que a cada paso que el niño da en su desarrollo, le sigue otro que igualmente precede a nuevos cambios. Las actividades están estrechamente relacionadas con este concepto: tratando de no forzar las actividades del niño en edades que no le corresponden para no crearle ni su rechazo, ni la frustración y pérdida del estímulo que produce la no realización de éstas. Asimismo, es muy importante poseer elementos de control rutinarios para poder evaluar lo que sucede con la conducta del niño y corregir las desviaciones presentadas.

Las actividades de estimulación están dirigidas primordialmente a los niños de alto riesgo ambiental y, en menor grado, a aquellos que forman parte del grupo que poseen lesiones genéticas, como el *síndrome de Down* (mongolismo), la fenilcetonuria, la galactosemia, el cretinismo, o a aquellos cuya madre sufrió alguna enfermedad viral o infecciosa durante el embarazo, como la rubéola o la sífilis, que producen malformaciones y déficit mental en los niños.

Cualquier tarea que tenga como base teórica el enriquecimiento ambiental de un niño, se debe encauzar hacia la prevención primaria. La estimulación temprana se apoya en los conceptos de la psicología del desarrollo y la psicología de la conducta, así como en el hallazgo biológico del desarrollo neuronal, o psicología evolutiva, que estudia la evolución del sistema nervioso central hasta los dos años de edad.

Las alteraciones del sistema nervioso central se traducirán en un daño estructural, que impedirá una correcta integración funcional; por eso es importante identificarla desde que el niño nace. Al nacimiento existen cerca de 70 signos neurológicos, fundamentalmente reflejos, que son manifestaciones de identidad neuronal, un cuidadoso examen de ellos dará una idea del funcionamiento del niño, siempre teniendo en cuenta los patrones normales de una población estándar.

Es importante que los médicos generales y las personas que cuidan a los niños en las instituciones sepan identificar algunos de estos reflejos y verificar su normalidad y anormalidad. El tono muscular y sus fluctuaciones son de vital importancia, durante el primer trimestre existe un alto tono por el cual los miembros superiores e inferiores se encuentran flexionados; esta actitud cede en el segundo trimestre, cuando el niño se hace más flexible, y en el tercero y cuarto trimestre la flexibilidad aumenta proporcionando al niño un tono adecuado como preparación para las etapas posteriores cuando el desplazamiento es importante.

Los reflejos son esenciales para el estudio del bebé; su identificación permite determinar el estado neurológico del niño y predecir sus actuaciones futuras:

• *Reflejo de prensión palmar:* Consiste en el cierre automático de los dedos cuando se estimulan las palmas del bebé. Esta prensión es tan fuerte que permite levantar al niño cogido de los dedos del evaluador y persiste hasta pasado el primer trimestre. Su permanencia es patológica.

• *Reflejo de succión:* Consiste en la conducta de succionar cuando algo le roza la región peribucal y su principal función es posibilitar la alimentación. Su ausencia o debilidad es signo de patología neuronal. Conjuntamente con el reflejo de succión se encuentra el llamado *reflejo de los cuatro puntos cardinales*, reconocido cuando se acerca un objeto a la boca del niño o se le toca cerca a las comisuras y éste desplaza la cabeza en busca del objeto que ejerce la presión.

• *Reflejo de apoyo y marcha:* Se presenta si se mantiene al niño parado y sus pies entran en contacto con una superficie, se observa que el bebé trata de apoyarse en ella y si se le da un balanceo corporal adelanta alternativamente un miembro inferior semejando una marcha. Este reflejo permanece hasta el primer trimestre, y algunos autores dicen que es bueno estimularlo particularmente en los niños que tienen déficit neurológico.

• *Reflejo de Moro:* Llamado de sobresalto, se presenta cuando colocado el niño de espalda, tranquilo, y se le golpean simultáneamente ambos lados de la cabeza, el infante extiende los brazos hacia los lados, lo mismo los dedos para después recoger los brazos y las manos en dirección de la línea media corporal, como si estuviese tratando de abrazar a alguien; sus piernas ejecutan un movimiento similar. Este reflejo desaparece hacia los 3 y 4 meses de edad, de tal forma que a partir de los 5 meses es difícil producirlo; si se presenta más adelante hay que pensar en una lesión del sistema nervioso central. Se ha observado que en los niños que crecen en ambientes ricos en estimulación se acelera la desaparición del reflejo de Moro que permanece cuando esto no sucede.

• *Reflejo de prensión plantar:* Semejante al de presión palmar, se logra su aparición rozando con un objeto la parte lateral del primer dedo del pie del niño, los cinco dedos se flexionan tratando de presionar. La respuesta permanece hasta los nueve meses de edad.

• *Reflejo ocular:* Consiste en el cierre de los párpados ante una luz intensa. Este reflejo pertenece al grupo de los denominados arcaicos y se encuentra presente desde el nacimiento.

• *Reflejo de Landau:* Se observa cuando se suspende al niño en posición dorsal, entonces su cabeza se eleva y los pies y brazos se extienden. Aparece a los cuatro meses y persiste hasta el primer año. Este reflejo no se encuentra en los niños con parálisis cerebral.

• *Reflejo de Babinski:* Consiste en la extensión de los dedos del pie y la abducción y extensión del hallux, al estimular la planta del pie. Este reflejo da lugar al reflejo de prensión plantar. El reflejo de Babinski se encuentra presente en los menores, pero en los adultos es patológico y sugiere daño cerebral.

Adicional a estos reflejos que se pueden observar en los niños son: de deglución, de masticación y salivación, de náusea, de la tos, natatorio, que son reflejos importantes para el recién nacido por ser armas primitivas que protegen la vida del bebé.

Definiciones

La estimulación temprana es identificada por varios autores con diferentes nombres, no importa cuál sea su designación sino lo que de verdad queremos identificar con este concepto.

Hernán Montenegro define la *estimulación temprana Como el conjunto de acciones tendientes a proporcionar al niño las experiencias que éste necesite desde su nacimiento, para desarrollar al máximo su potencial psicológico. Esto se logra a través de la presencia de personas y objetos en cantidad y oportunidad adecuadas y en el contexto de situaciones de variada complejidad que generen en el niño un cierto grado de interés y actividad, condición necesaria para lograr una relación dinámica en su medio ambiente y un aprendizaje efectivo.* Al respecto, otros autores manejan el término precoz en vez de temprana, y su connotación es más semántica que conceptual, pretendiendo identificar que a más temprana sea la acción son mejores sus resultados. Ultimamente se emplean los términos de *estimulación oportuna* o *estimulación adecuada* para resaltar otros aspectos conceptuales, quizás el apelativo de estimulación adecuada sea el que identifica con mayor claridad su acción permanente.

El término precoz fue utilizado inicialmente en las patologías orgánicas (síndrome de Down), para identificar acciones tempranas orientadas a prevenir mayor daño de la lesión. El término temprano ha sido utilizado en la literatura científica con mayor amplitud para incluir las intervenciones que contemplen cambios en el ambiente, y dirigidas especialmente a sujetos sanos para cuidarlos preventivamente de un retraso en el desarrollo físico y mental. Igualmente, el término temprano se ha empleado para englobar simultáneamente los aspectos de estimulación psicológica, de salud y nutrición del niño, variables que se han identificado como influyentes en las comunidades más deprimidas para que ocurran los eventos de retraso en el desarrollo físico y mental.

Tal como se planteó antes, los términos empleados hacen referencia al afán de proporcionar experiencias ambientales de cuidado, de salud y nutrición en la etapa más temprana de la vida, especialmente en el período en el que no se ha completado la maduración neurofisiológica. Esta edad ha sido identificada hasta los dos años, sin que esto signifique que la estimulación no sea importante en etapas posteriores, en las que se necesitan estímulos *adecuados* para la edad del sujeto, especialmente en ambientes empobrecidos.

De esta manera, la estimulación temprana se convierte en una estrategia de prevención primaria, que debe ser iniciada desde el momento que nace el niño, considerando acciones ambientales de protección al niño y educativas hacia la madre, incluso aún antes de su nacimiento en útero, con especial énfasis en la etapa de maduración neurofisiológica, pero en continuación con la estimulación a nivel preescolar y escolar del niño, y que abarque tanto su medio ambiente como sus condiciones de salud y nutrición.

Juan Nacimiento considera que la educación precoz encierra dos aspectos: primero el control del medio ambiente en que se mueve el niño, optimizado selectivamente a través de la estimulación y segundo, que esta acción debe iniciarse desde el nacimiento o en las primeras etapas de la vida, especialmente en los menores de 5 años y en cualquier momento de su existencia, en una red selectiva de estímulos ambientales positivos y de cuidados de salud que le permitan prevenir problemas específicos, recuperar daños ya ocasionados por un mal ambiente, o evitar un daño potencial futuro. Otros autores creen que la estimulación debe iniciarse en etapa fetal intrauterinamente, con estímulos visuales y auditivos que ayudan tanto al niño como a la actitud positiva de la madre ante su nacimiento,

Uno de los objetivos de la estimulación temprana es desarrollar al máximo el potencial psicológico del niño, en este campo, y cuidar de su condición biológica y de los aspectos emocionales y sociales.

Algunos autores han utilizado la terminología de la epidemiología para referirse a las intervenciones que se ejecutan, teniendo al niño como sujeto, particularmente al que está en *riesgo*, o *alto riesgo*, según sus condiciones sociales. Identifica los períodos óptimos de intervención en los grupos de niños de alto riesgo de retardo en el desarrollo.

La denominación de *alto riesgo de retardo en el desarrollo* se emplea para indicar la presencia de características o condiciones del niño mismo o del ambiente dentro del cual crece y se desarrolla, las cuales implican una alta posibilidad de producir efectos negativos sobre su proceso de crecimiento y desarrollo, hasta el punto de determinar un retardo de mayor o menor magnitud. Dichas características o condiciones pueden categorizarse arbitrariamente en dos tipos: biológicas y ambientales. Esta categorización ha conducido a clasificaciones de alto riesgo que distinguen entre el de tipo biológico y el de tipo ambiental éste último denominado también 'sociocultural".

La clasificación de alto riesgo más aceptada es la propuesta por Tjossem y de Lorenzo[3] la cual considera tres tipos de riesgo: establecido, biológico y ambiental o sociocultural.

Riesgo establecido: Comprende aquellos casos con problemas de tipo biológico o médico plenamente identificados que implican necesariamente la presencia de grados variables de retardo en el de-

3. Tjossem, T. D. Early intervention: Issues and approaches, In Tjossem, T.D. (ed.), *Intervention Strategies for Higj Risk infants and Young Children.* University Park Press, Baltimore, 1976.

sarrollo; el ejemplo clásico es el *síndrome de Down*. En esta clasificación entra una serie de alteraciones biológicas, congénitas o adquiridas, que claramente ejercen un impacto nocivo sobre la estructura y el desarrollo del sistema nervioso central.

En este grupo la condición biológica determina por sí misma la presencia de retardo, hasta el punto que el retardo es, con frecuencia, un componente importante en el diagnóstico del síndrome. Recientemente se ha sugerido, con bastante razón, que este grupo no se puede considerar realmente como de alto riesgo, toda vez que el riesgo se define como el *peligro, contingencia o posibilidad de que un daño ocurra* y en este caso se está en presencia de un daño real y no simplemente ante la posibilidad de que ocurra. Al parecer, esta categoría se distribuye uniformemente en los distintos estratos de la población, aparentemente sin presentar marcadas diferencias por nivel socioeconómico y representa una proporción relativamente baja de los casos de retardo en Latinoamérica.

Alto riesgo biológico: Se presenta como consecuencia de condiciones prenatales, perinatales e incluso preconcepcionales, que originan una alta posibilidad o riesgo de retardo a corto o largo plazo. El concepto de riesgo implica una alta probabilidad, no siempre del 100% pero sí mucho más alta que la de la población general. En esta categoría se ubican ciertas características biológicas de la madre, tales como peso, talla, edad, paridad, antecedentes de embarazo o partos anormales, y antecedentes de ciertas enfermedades crónicas severas, o propias de la evolución del embarazo, y lo mismo ocurre con los factores adversos durante el mismo, v. gr., morbilidad, atención prenatal, desnutrición materna, aumento de peso durante el embarazo, así como condiciones del parto, tales como: tipo de parto, presencia de complicaciones, duración, sufrimiento fetal, tipo de atención del parto. El alto riesgo biológico puede estar también determinado por condiciones biológicas del niño mismo, por ejemplo, el peso al nacimiento, malformaciones congénitas y particularmente el estado nutricional, el cual puede implicar también riesgo de alteraciones en el desarrollo del infante.

Alto riesgo ambiental o sociocultural: Se identifica con las condiciones de pobreza y marginalidad en que se debaten grandes masas de la población en nuestros países, y se encuentra frecuentemente asociado con el alto riesgo biológico descrito anteriormente. En efecto, en comunidades en donde las condiciones inadecuadas en que evoluciona el embarazo y ocurre el parto, a partir de su nacimiento los niños están expuestos a riesgos, ya no sólo predominantemente biológicos como los que afectan su desarrollo fetal, sino biopsicosociales, cuyos componentes principales son la desnutrición, la enfermedad y la privación de estímulos ambientales. Este grupo representa la gran mayoría de los casos de retardo.

El tipo de intervención realizada sobre los niños con riesgo de retraso mental, ya sea intervención de prevención primaria o de rehabilitación, tiene como sustento para efectuarse la vulnerabilidad del organismo, especialmente en etapa temprana, la posibilidad de hacer reversible el retardo que padece el individuo de manera total o parcial, la posibilidad de variar el medio ambiente sin altos costos estructurales y el enriquecimiento de un ambiente que permita una calidad de vida mejor. Por estos motivos se justifican los programas dirigidos a la protección con procesos educativos que cambian las aptitudes de los integrantes de la familia, la madre, el padre, la abuela y los niños que cuidan a sus hermanos menores, realizándolos a bajo costo para permitir enriquecer las prácticas de crianza y la protección de salud, nutrición y calidad de vida, procurando que el niño viva en un ambiente rico en posibilidades, que le garanticen tanto sus condiciones físicas y de salud como su desarrollo psicológico.

Otros autores han realizado aproximaciones conceptuales a la estimulación temprana, sobre todo para conocer cuándo son más efectivas las intervenciones. Sonia Bralig define la estimulación como un conjunto de acciones tendientes a proporcionar al niño las experiencias que éste necesita desde su nacimiento, para desarrollar al máximo el potencial psicológico.

A partir de los trabajos de Sigmund Freud, se abrió toda una nueva perspectiva respecto a la forma de interpretar o explicar las características y el curso del desarrollo psíquico del individuo y, por primera vez, se atribuyó a la infancia un papel determinante en el desarrollo posterior. Así, la búsqueda de los orígenes de las alteraciones, que pueden aparecer en el sujeto adulto, se orientó hacia las experiencias tempranas, incluso hacia aquéllas de las cuales el individuo no guarda recuerdos conscientes.

Los progresos de la investigación científica en el campo de la clínica y de la psicología del desarrollo han confirmado y ampliado esas primeras observaciones, y actualmente se dispone de un vasto cuerpo de evidencias que permiten concebir la edad de la lactancia y de la infancia temprana como un período crucial en el desarrollo no sólo de las características emocionales y sociales, sino también de las funciones cognitivas.

En este contexto, el tipo de ambiente material y social, en el que el niño nace y crece, adquiere enorme importancia, por cuanto constituye la fuente de estímulos y experiencias que determinarán un desarrollo normal o desviado.

Pese a lo anterior, enfrentamos una situación paradógica, existe un acuerdo general entre teóricos de orientaciones muy distintas con relación a que la infancia temprana es el período crítico para el desarrollo intelectual y afectivo. No obstante, se sigue actuando como si estas funciones florecieran espontáneamente, sin necesitar de intervenciones externas. La preocupación por la educación sistemática del lactante y del preescolar es todavía incipiente y son escasos los esfuerzos orientados a mejorar las condiciones ambientales en que viven los niños de los grupos sociales en desventaja. En efecto, se sigue suponiendo que la mayoría de los padres saben instintivamente lo que el niño necesita para su normal desarrollo, y que no requieren de información ni orientación alguna para proporcionar a sus hijos las experiencias adecuadas, sin embargo, es necesario analizar a través de cuáles mecanismos ocurre esta influencia.

En un plano general, los distintos teóricos aceptan el supuesto básico de que el individuo es una unidad integrada e indisoluble, en la que lo orgánico actúa como un agente determinante de lo psíquico, y viceversa; por tanto, como ejemplo se acepta fácilmente que un niño con una lesión cerebral demostrada, presente trastornos en su desarrollo psíquico y en su conducta. Se acepta también que ciertas experiencias de vida afecten la conducta y emociones del individuo, llegando incluso a producir trastornos *psicosomáticos*, donde lo psiquico actúa como determinante del funcionamiento orgánico porque no siempre los padres poseen este conocimiento.

Algunos autores han desarrollado el concepto de períodos críticos, por ejemplo Scott (1962), tratando de identificar la edad y los momento más importantes para intervenir con estimulación a un niño. Este concepto es tomado de la embriología en donde se aplica el término períodos críticos a las fases en las cuales un organismo, o parte de él, se encuentra en desarrollo y en un momento de equilibrio en donde si se es afectado por algún elemento externo o interno, el desarrollo tomará una variante negativa para la supervivencia. Si estos agentes nocivos se presentan posteriormente a este período crítico, los cambios que suceden no son de desarrollo. Este concepto, aplicado a la psicología, supone que también el desarrollo humano y el desarrollo cognitivo tienen períodos críticos y que, por tanto, un aprendizaje adecuado temprano determina un comportamiento posterior adecuado, porque un mal aprendizaje en los momentos de óptima sensibilidad para ello produce daños severos irreversibles. Así, el desarrollo evolutivo de un organismo se estructura desde las primeras etapas de la vida, y si se recibe una buena estimulación ambiental durante el período crítico, se tendrá un desempeño superior, comparado con individuos que no la hayan tenido o que hayan recibido ese estímulo después del período crítico.

A pesar de los rechazos planteados sobre el concepto de períodos críticos, es interesante tratar de descifrar los períodos óptimos de intervención, la mayoría de los autores identifican a éstas como la etapa intrauterina y la comprendida entre los 0 y 3 años de edad del niño, por ser éstas las etapas en donde el crecimiento y el desarrollo neuronal y físico del niño es más notorio y, por tanto, en donde dada esta sensibilidad, los factores externos o internos tendrían mayor probabilidad de lesionar o de favorecer al niño si no se le brindan desarrollo y estímulo adecuados.

CAPITULO 2

ECOLOGIA HUMANA
Y EL DESARROLLO INTELECTUAL

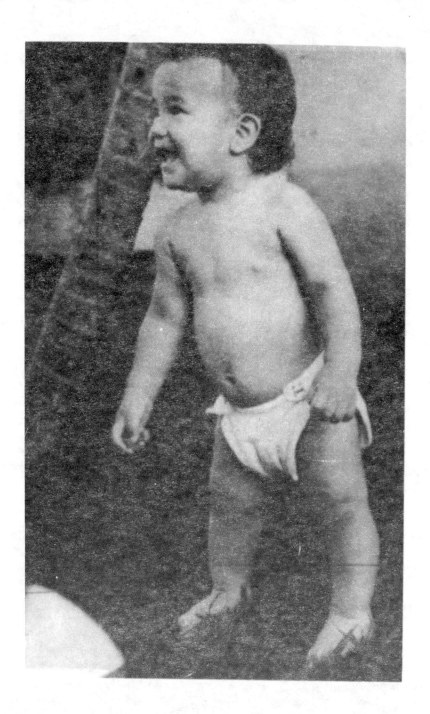

Desarrollo integral del infante

Durante los últimos años, el problema de la desnutrición retorna a tocar a la puerta de los investigadores, los tecnócratas y los políticos, cuando ya su magnitud amenazaba con derribarla. Lo que se creyó, hasta ese instante, que era exclusivamente un fenómeno de salud, se transforma, de la noche a la mañana, en un obstáculo para el desarrollo económico. Pero esto, que aparecía tan súbito a los planificadores, sólo es la resultante de años, durante los cuales los estratos económicos más desprotegidos han soportado las consecuencias del subdesarrollo que los colocan en injusta desventaja social.

Acercarse al problema de la desnutrición, para buscar nuevas alternativas, se constituye en una tarea permanente para los países subdesarrollados y prioritaria para los investigadores que trabajan en las diferentes disciplinas de las ciencias sociales, políticos, pedagogos, antropólogos y sociólogos.

Según Pollitt (1969), citado por Christiansen, N. et al, la desnutrición no es únicamente un fenómeno biológico aislado; también forma parte del continuo de un proceso social que afecta el desarrollo intelectual del niño, y posee efectos sobre el desarrollo mental. Estos hallazgos sobre la función de las variables sociales respecto de la desnutrición y el desarrollo mental están íntimamente ligados con la estructura social de un país y el bajo nivel económico, ocupacional y educativo de una familia. Los indicadores de status socioeconómico tienen una estrecha relación con el crecimiento físico y mental de los niños, así como con el nivel educativo de la madre, de los ingresos y gastos familiares.

Es evidente que la desnutrición de los niños está relacionada con el deficiente ingreso familiar para comprar alimentos y que las familias de escasos recursos tienden a vivir en ambientes negativos y en viviendas de malas condiciones sanitarias, todo lo cual origina altas tasas de enfermedad, especialmente infecciosas y parasitarias y, en consecuencia, bajos niveles de desarrollo físico y mental. Aunque el crecimiento físico de los niños y los aspectos sociales están interrelacionados, los efectos de la desnutrición se pueden separar de los efectos del ambiente social, indicando que la desnutrición es una variable desligada que produce efectos negativos en el funcionamiento intelectual, tan fuertes que es quizá uno de los factores más importantes en el desarrollo mental de los niños.

La desnutrición afecta la cognición, retardando las etapas iniciales del desarrollo y limitando la habilidad del niño para responder adecuadamente al medio ambiente, al bajar su capacidad exploratoria, su atención y la incorporación de nuevos aspectos a su esquema mental.

Tanto la OPS (1971) como la FAO (1970) describen la desnutrición como *el factor que más contribuye a la mortalidad infantil en los países en vía de desarrollo*. Evidentemente, las carencias nutricionales, particularmente la proteico-calórica, constituyen uno de los principales problemas que afectan a la salud pública, ya que además de contribuir a la mortalidad infantil, tienen estrecha relación con la patología más corriente de los grupos de la población a más alto riesgo de morbimortalidad, actuando como coadyuvante de diversas entidades, especialmente las infecciosas. Según A. Berg (1977), en los países de escasos recursos, en promedio el 3% de los niños menores de 5 años son víctimas de una desnutrición de tercer grado, 25% lo son de segundo grado y el 40% al 45% lo son de primer grado; incluyendo a los adultos, la desnutrición alcanza aproximadamente a 1 500 000 000 de personas.

En Colombia como en los países en vía de desarrollo, la nutrición infantil constituye uno de sus principales problemas, y no sólo desde el punto de vista de la salud pública, en la medida en que opera como factor de morbimortalidad infantil, sino en cuanto se constituye en un obstáculo para el desarrollo económico y en un lastre de proyecciones negativas. (Departamento Nacional de Planeación Colombia, 1975).

Numerosos estudios han identificado en Colombia la situación de los estados carenciales, estratificándolos en cinco problemas principales: la desnutrición proteico-calórica infantil, la desnutrición crónica del adulto, las deficiencias vitamínicas (especialmente de vitamina A y algunas del complejo B), la anemia, ferropénica y las caries dentales, de tal forma que la población más afectada se localiza en los grupos de preescolares y madres lactantes. (Instituto Nacional de Nutrición 1963-1970 y Ministerio de Salud Pública, 1968).

Tradicionalmente el estado nutricional y alimentario de una comunidad, se ha descrito a través de indicadores indirectos, como las estadísticas vitales, que reflejan el problema de la desnutrición en las entidades ya aceptadas como asociadas a ella, especialmente en los grupos de edad a más alto riesgo. Así se describen las tasas de mortalidad infantil como uno de los indicadores del estado nutricional de un país (en Colombia esta tasa fue en 1963 de 88.2 por mil nacidos vivos y de 67.9 por mil nacidos vivos en 1971, mientras que en EE. UU. fue en 1967 de 22.4 por mil). La tasa de mortalidad del preescolar (9.2 por mil habitantes del grupo, para Colombia en 1971) está en proporción con la mortalidad en menores de 5 años en relación con la mortalidad general (39.0% para Colombia en 1971), y con las tasas de mortalidad relacionadas con enfermedades infecciosas.

También se utilizan algunos indicadores directos del estado nutricional de fácil medición, como son el peso, la talla y el consumo real de alimentos a través de encuestas alimentarias, lo que permite conocer, por una parte, el comportamiento del desarrollo físico y por otra la adecuación del consumo de calorías y nutrientes en relación con las recomendaciones de los mismos.

Estudios efectuados por el Instituto Nacional de Nutrición de Colombia, y la subdirección de nutrición del ICBF, señalan que el 66.6% de los niños menores de 6 años tienen algún grado de desnutrición, con una distribución porcentual, así: un 1.7% para desnutridos de tercer grado, constituyéndose las edades de 4 y 5 años en las de más alta prevalencia (78.6% y 70%). Otros estudios posteriores, en diversas zonas de nuestro mismo país, han encontrado proporciones similares.

Durante las últimas décadas varias corrientes dentro de la investigación científica se han interesado en los problemas que tienen relación, como el desarrollo del niño en ambientes de deprivación. Algunas de ellas tienen raíces biomédicas y otras hacia el área de la psicología y la pedagogía. Los teóricos actuales evidencian con mayor objetividad, a medida que se tiene más claridad sobre los fenómenos y se trabaja en situaciones más comunitarias y reales, la interacción de las diferentes perspectivas (médicas, sociales y psicoeducativas). Actualmente se profundizan sus relaciones a tal punto que los diferentes proyectos de intervención usualmente manejan o controlan todos los diferentes variables. Pollitt, E., en su libro Desnutrición, pobreza e inteligencia, se refiere a esta población en donde resalta la interrelación de diferentes variables.

Numerosas investigaciones sobre los efectos neuroquímicos, neurofisiológicos y psicológicos de la desnutrición calórico-proteínica han demostrado que la administración de dietas restringidas, durante el desarrollo temprano de ratas y ratones albinos, influye en la división de las células cerebrales (Howard, E. y Granoff, D., 1968; Guthrie, H.A. y Brown, M. L., 1968), retrasa la mielinización (Dobbing, J. y Widdowson, E. M., 1968; Chase, H. P., Dorsey, J. y McKhann, G. M., 1967), y retarda el rendimiento en tareas de aprendizaje, en comparación con animales de control alimentados ad libitum (Cowley, J. J. y Griese, R. D., 1962; Moore, A. U., R. H., Pond, W. G., Macleord, R., Ricciuti, H. y Krook, L., 1964; Barnes, R.H., Cunnold, S. R., Zimmerman, R. R., Simmons, H., Macleord, R. B. y Krook, L., 1966). Igualmente, se ha determinado que la temprana desnutrición en niños está asociada con un visión reducida de las células de la corteza cerebral (Winick, M., 1968), con un perímetro cefálico reducido (Cordano, A., Baertl, J. M. y Graham, G., 1963), con un escaso peso del cerebro (Brown, R.D., 1968) y con disturbios electroencefalográficos (Engel, R., 1956, Nelson, G.K., 1959). Asimismo, en estudios de niños desnutridos, varios autores han reportado puntajes bajos frente a determinados tests psicológicos (Barrera-Moncada, G., 1963, Klein, R., 1968). Estas y otras informaciones similares podrían conducir fácilmente a concluir que la deficiencia calórico-proteínica, durante la vida temprana, altera irreversiblemente el funcionamiento del sistema nervioso central, llevando finalmente a una pérdida en la capacidad para aprender.

Sin embargo, la conclusión de que existe una influencia nutricional en la capacidad de aprendizaje no está garantizada ni por los datos neuroquímicos y neurofisiológicos, ni por los datos psicológicos. Por un lado, la información existente sobre la química y la fisiología del aprendizaje no es suficiente para determinar si las alteraciones producidas por la desnutrición en el sistema nervioso central llegan a producir una pérdida en la capacidad de aprender. Por otro lado, la información que proporcionan los estudios sobre el comportamiento de niños y animales desnutridos no es concluyente porque, como el presente trabajo tratará de demostrar, estos estudios no han considerado los factores biológicos y sociales coexistentes, que interactúan con la desnutrición y que pueden codeterminar el pobre rendimiento en los tests psicológicos. Específicamente, el propósito de este trabajo es demostrar cómo los estudios acerca de los efectos de la deficiencia calórico-proteínica en el comportamiento han incurrido en confusiones, por no haber considerado la interrelación existente entre la desnutrición y los factores sociales y biológicos.

Igualmente, este trabajo demostrará que los estudios que han encontrado una relación entre la desnutrición y la pobre *performance* en test psicológicos pueden haber llegado a este resultado debido, exclusivamente, a un error metodológico.

En estudios acerca de la deficiencia calórico-proteínica y el comportamiento, comparando niños que viven en la misma región geográfica y tienen aproximadamente la misma situación socioeconómica, se ha encontrado que aquéllos con historia de desnutrición obtienen puntajes más bajos en escalas de desarrollo o tests de inteligencia, que aquellos que no han sido mal nutridos (Barrera-Moncada, G., 1963; Klein, R., 1968). Al escoger grupos aparentemente comparables en todos los factores excepto el nutricional, se da por sentado que las diferencias que se encuentran en los puntajes han sido mediadas por los antecedentes nutricionales.

A pesar del aumento de los trabajos de investigación y de publicaciones sobre el tema de las relaciones entre la desnutrición, el medio ambiente, la pobreza y el desarrollo cognitivo del niño, existe un sinnúmero de lagunas en cuanto a algunos conocimientos básicos y, sobre todo, a la introducción de determinadas prácticas sociales que impliquen la protección del niño como elemento cultural y cotidiano de las comunidades. Muchos conocimientos científicos se quedan en los escritos de las revistas y sin llegar a la gente, que es la que podría utilizar dentro de su práctica social estos conocimientos, particularmente si se tiene en cuenta que abordan temas como el consumo alimentario, tan difícil de variar; el cuidado y la protección del niño y la vigilancia epidemiológica de algunas entidades frecuentes en los infantes, que no sólo determinan un cambio del conocimiento sino también los comportamientos que las comunidades poseen sobre estas áreas. El planteamiento de la necesidad de hacer llegar los hallazgos científicos a los pueblos que lo necesitan, dentro de su contexto humano y cultural, parece ser uno de los grandes retos en este campo.

Pobreza e inteligencia

Dentro del cúmulo de documentos producidos y/o referidos sobre el tema del desarrollo integral del niño en ambientes de pobreza, es evidente que algunos enfoques han tenido mayores perspectivas. Uno de éstos ha estado constituido por las temáticas de salud y nutrición, dentro de la perspectiva de la medicina preventiva; igualmente, es palpable que este enfoque tiene una gran importancia y sustentación, debido a la presentación de altas tasas de mortalidad y morbilidad infantil, especialmente en los países pobres, en donde los niños son el grupo más vulnerable.

Según la Organización Mundial de la Salud (OMS), en América Latina la mitad de los niños que nacen, mueren antes de los 15 años. Anualmente, alrededor de 250 000 niños fallecen de diarrea, y otras enfermedades, como el sarampión, causan altas tasas de mortalidad, llegando algunas en algunos países a ser 480 veces mayor que la tasa de mortalidad que en los Estados Unidos.

Este problema es más alarmante cuando se sabe que las infecciones producen altas tasas de mortalidad, particularmente en niños desnutridos, y que éstas agravan en un círculo vicioso los fenómenos de la desnutrición que, a su vez, predispone a los niños a sufrir nuevas infecciones. En los países pobres, los principales afectados son los niños, porque en todo ellos dependen del adulto para conseguir el alimento y sobrevivir.

Los fenómenos de desnutrición e insalubridad no sólo afectan a las comunidades elevando las tasas de mortalidad y morbilidad, sino que se constituyen en un pesado lastre de proyecciones negativas; Fernando Monckeberg plantea este problema, así:

"... Guardando las debidas proporciones, podemos imaginar el tremendo derroche que la muerte prematura significa en los países en desarrollo, donde la mitad de los niños mueren antes de los 15 años de edad, cuando aún no han alcanzado la etapa de la edad productiva. Bien o mal, la sociedad invierte enormes cantidades de dinero en alimentación, vestuario, educación, etc., con una eficiencia muy baja. Estos gastos improductivos constituyen un lastre demasiado pesado para toda la sociedad y retardan cualquier desarrollo económico, aún los países con economías sólidas serían incapaces de soportar una carga como ésta, si imaginamos una situación teórica en que debieran duplicar su inversión en la edad improductiva y mantener un rendimiento igual en la segunda etapa. La economía de nuestros países puede subsistir porque simplemente no se llegan a invertir dichas cantidades, pero esta misma razón nos frena en el camino del desarrollo socioeconómico..."

Las consecuencias negativas de la desnutrición sobre la economía de un país, sólo es un aspecto de sus efectos negativos; los niños que logran sobrevivir a la muerte prematura causada por ésta y las infecciones, tienen que llevar durante toda su vida secuelas en diferentes campos, como el desarrollo mental y físico que los coloca en desventaja. El peso y la estatura se ven afectados por la desnutrición, lo mismo el sistema nervioso central, los procesos cognitivos, las habilidades y las destrezas de adaptación.

Si por circunstancias negativas, la desnutrición aparece en la etapa de desarrollo y crecimiento cortico-cerebral, las consecuencias sobre su maduración estarán directamente relacionadas con la intensidad y con el tiempo en el que se vea afectado. La maduración ósea se verá lesionada en los niños subalimentados, y su edad ósea no concondará con su edad cronológica, su estatura disminuye y su relación peso-talla (pondoestatural) se alterará, su desarrollo psicomotor es más lento y la memoria, la abstracción, la síntesis y el aprendizaje se verán afectados seriamente.

En los países del Tercer Mundo, la existencia de grupos sociales con alta prevalencia de desnutrición, enfermedades transmisibles e inmunoprevenibles constituyen una amenaza y un desafío para todos. Amenaza no sólo por las posibilidades de contagio, sino porque el progreso social se hace imposible con desigualdades, y un desafío porque es precisamente en estos dos campos, donde se requiere mejorar las condiciones humanas y abordar el desarrollo económico con amplias perspectivas en procura de optimizar la calidad de vida.

Asociadas a las tasas de morbilidad y mortalidad, la variable de la nutrición ha venido tomando una decisiva importancia, teniendo en cuenta que, en varios países, diferentes grados de desnutrición se han encontrado asociados con bajos niveles de desarrollo intelectual, todo lo cual permite presumir también una correlación entre grados de desnutrición y desarrollo mental (Scrimshaw, N. y Gordon, R., 1968). Es posible que este fenómeno se halla afectado por dos mecanismos:

1. Un mecanismo directo, puramente fisiológico, relacionado con las células del sistema nervioso central que las afecta en su período de maduración (Winick, M., 1969, Cravioto, J., 1966, Winick, M., y Rosso, P., 1969).

2. Un mecanismo indirecto que afecta la motivación, disminuye los niveles de atención, la capacidad exploratoria y, en general, la interacción del niño con el mundo externo (Cravioto, J., et al, 1966, Piaget, J., 1952).

El interés en torno al tema de la nutrición se ha acentuado a partir de comienzos del siglo, cuando se hizo la descripción clásica de la *enfermedad de Ghana* y se introdujo el término *kwashiorkor* en la literatura médica. Desde entonces, la problemática puramente médica se fue convirtiendo en tema de trascendencia social y política. Dentro de esta dinámica, la educación ha venido tomando un papel de importancia, pero aún incierto en cuanto a la amplitud y a la profundidad de sus efectos.

Durante el curso de este proceso, la creciente preocupación por la evaluación de los efectos de la desnutrición sobre el sistema nervioso central y sobre el comportamiento general del individuo (Cobos, F., 1970; Smith, C. A., 1947; Kugel Mass, 1944) se explicitó en 1967, cuando se realizó la primera conferencia dedicada a analizar los efectos de la desnutrición sobre el desarrollo psicobiológico de los individuos (Scrimshaw, N. y Gorden R. 1968).

Esta temática condujo lentamente a los estudios de las variables más típicamente nutricionales o, en general, de salud, a adentrarse en terrenos ocupados por las ciencias sociales como es el caso de la psicología, la antropología y la educación.

Así pues, se realizaron una serie de trabajos que, en términos muy generales se ubican unos como fundamentalmente clínicos (v. gr., Cabak y Naydanvic en Yugoslavia, Monckeberg en Chile, Cravioto y Robles en México) y otros más bien dentro de la categoría de experimentales v. g., Pollit y Granoff en Perú, Evans, Moodie y Hauson en Sudáfrica, Klein en Guatemala, y otros como intervencionistas como el proyecto *niños inteligentes* de Toro, Alvarez, Aristizábal y Rodríguez en Colombia. El interés inicial de estos trabajos se orientó prioritariamente a aislar el efecto de determinadas variables de salud o nutrición en el desarrollo.

Las conclusiones obtenidas alentaron rápidamente la empresa de iniciar aplicaciones e intervenciones a comunidades.

Los resultados de uno de los estudios del INCAP en Guatemala, constituyen un buen ejemplo del tipo de proposiciones que sirvieron de punto de partida a los llamados *programas de intervención*. En efecto, aquellos *sugieren que hay un efecto de la desnutrición sobre el desarrollo mental, que los períodos en los cuales la nutrición tie-*

ne su mayor importancia son durante la gestación y los dos prime-
ros años de la vida, y que los efectos de un ambiente socioeconómico
*pobre agravan los efectos de la desnutrición temprana (*Townsend,
et al, 1976).

Sin embargo, en la medida en que se pretenda *intervenir* en la
situación de los niños y sus familias, se hace más necesario conocer
con mayor precisión cuáles son los mecanismos por medio de los
cuales la desnutrición, la morbilidad, la falta de interacción personal
y otras variables afectan el desarrollo del niño. Además, se requiere
información respecto de cuáles son las variables sociales y familiares en donde se mueven las posibilidades reales de intervención.

Estos últimos estudios, los de intervención, han pretendido vin-
cularse más directamente a las situaciones reales en las cuales viven
los niños a quienes se quiere servir. Este enfoque presenta una serie
de dificultades metodológicas y de limitaciones en cuanto a nivel de
generalización de los posibles resultados, no obstante, según algunos (Pollit, 1978, p. 280), *éste es el único camino de captar o de*
definir la naturaleza específica del problema de investigación.

Al hablar de proyectos integrados, necesariamente se hace referencia al ambiente infantil en su conjunto y a la asociación de un
complejo de variables que a muchos programas de investigación sobre desnutrición se les han añadido en forma paulatina: componentes de currículo, de participación comunitaria y de producción de
guías y materiales, sobre todo, en los diseños cuasiexperimentales
en los cuales se combinaron las variables: suplementación alimenti-
cia, atención médica y estimulación psicológica (Chávez en México, Klein en Guatemala, Mora, Sinisterra, Toro, Alvarez, Rodríguez,
Suescún y Angel en Colombia). Este desplazamiento del énfasis puede
apreciarse en numerosos proyectos de intervención y nuevos programas a lo largo de toda la América Latina.

Una segunda aproximación a la temática del desarrollo del niño
puede estar constituida por la perspectiva psicosocial y educativa. Y
en este sentido, también se puede observar un movimiento que ha

confluido hacia los actuales programas de intervención. En efecto, las preocupaciones iniciales por eliminar las desigualdades sociales en la vida escolar de los niños americanos e ingleses condujeron a la realización de una serie de nuevos currículums y experiencias innovadoras en el nivel preescolar, que pronto cubrieron las etapas más tempranas, así como contextos institucionalizados y no institucionalizados (Alvarez, B., 1978). Así, el papel de otros agentes educativos, como los padres (Schaeffer, 1972) o los hermanos o cuidanderas de los niños fue adquiriendo una gran importancia. (Toro, Alvarez, Rodríguez, 1978).

A medida que estas preocupaciones se vieron agudizadas por los múltiples efectos de los ambientes de pobreza en la población infantil de los países en desarrollo, la urgencia de soluciones factibles condujo a los investigadores a plantear modelos alternativos de intervención, con participación de elementos de salud: el manejo del ambiente y variables culturales, sociales y educativas.

Intervenciones

Este autor participó como codirector del proyecto de intervención *Salud, nutrición y estimulación temprana* del centro para la educación no-formal (CEDEN-FEPEC), con un grupo de investigadores, como Alvarez, B., Toro, B., Aristizabal, A., Rodríguez, M., Jiménez, J. Algunas de las conclusiones de estos estudios se han tenido en cuenta como base para este resumen y no se identifican en comillas en el texto, pero se realizaron anotaciones.

Bajo la perspectiva teórica señalada u otras paralelas, algunos investigadores intentaron programas de intervención de diferente naturaleza; unos de sesgo investigativo y otros de carácter más bien político como los grandes programas públicos de alimentación infantil (Berg, A., 1975).

Otra línea de carácter predominantemente psicoeducativa, se relaciona con quienes habían hipotetizado ya la posibilidad de que a través de currículums cuidadosamente preparados y el empleo de ciertas estrategias de estimulación psicológica se podría influir en el desarrollo intelectual de los niños que, según Piaget, sigue un proceso indentificable a lo largo de diferentes estudios (Taba, H., 1964; Bereiter, C. y Engelmann, 1966; Fundación High Scope, 1968, Angel, R. 1989).

En algunos programas (Ira Gordon, 1974; Marylin Seagal, Universidad de Nova, Centro de Ecología Humana, Cali; Instituto Colombiano de Bienestar Familiar (ICBF); Kellaghan, 1975) se han diseñado experiencias más comprensivas de enriquecimiento del ambiente del niño en áreas marginadas. Todo parece señalar que entre más pronta y prolongada sea la intervención, previamente diseñada con el objeto del enriquecimiento externo de un medio que rodea al niño, más satisfactorios son los resultados obtenidos con respecto a su desarrollo intelectual y físico. En estas áreas se logran incrementos significativos con respecto a los niños no expuestos a estos ambientes.

Estudios como los anteriormente mencionados revisten particular importancia en áreas como las zonas rurales o en los barrios más pobres de las ciudades de América Latina, donde los niños se hallan sometidos a privaciones no sólo nutricionales y a dietas inadecuadas sino también a la falta de elementos estimuladores que les permiten un mejor desarrollo.

Las observaciones hechas en investigaciones en las cuales se enfatiza la nutrición infantil, han obligado a varios de estos estudios a combinar los programas de salud y nutrición con currículums de estimulación psicológica, especialmente preparados para lograr un desarrollo cognitivo y social. Estos currículums contienen una serie de actividades de estimulación psicológica y ambiental dirigidas a promover la mayor cantidad de oportunidades de interacción del niño con el medio ambiente humano y físico, para estimular su desarrollo en general o en áreas específicas, tales como el desarrollo sensoriomotor, el desarrollo del lenguaje u otras (Hegstd, D., 1972).

En los países en desarrollo, en donde la gran mayoría de los niños se encuentran expuestos a una deprivación psiconutricional, en ambientes marginados con altas tasas de morbilidad y mortalidad infantil, los programas de salud, nutrición y estimulación psicológica, en épocas tempranas de la vida del niño, tienen un doble efecto: primero, asegurar un normal desarrollo del niño, adecuando un medio ambiente humano y físico y segundo, prevenir un retardo mental leve o moderado (Monckeberg, F. y Schiefelbein, C., 1974).

Algunos de estos programas desarrollados se apoyaron, al menos inicialmente, en el enriquecimiento de la educación preescolar, unida a esfuerzos de extensión al ámbito familiar (The Kenya Nuersey School Project; The Entokozweni Early Learning and Community Center en Swto, Johannesburgo, etc.). Otros se dirigieron directamente a contextos no-formales y a problaciones femeninas (Non Formal Educacion for Rural Women. An Experimental Project for the Development of the Young Child, Council for Social Development, New Delhi, 1973).

Aunque buena parte de estos programas se apoyan en la acción interpersonal, sea caso persona a persona (Instituto Colombiano de Bienestar Familiar, Colombia, 1972, Institute of Child Health de Nigeria) o en grupos (Programa Padres e Hijos del CIDE de Chile), existen algunos esfuerzos en la vinculación de medios de mayor cubrimiento (Continuing Education Radio, New Zeland).

A manera de resumen, se podría indicar que mientras en algunos estudios se ha utilizado un enfoque más bien descriptivo y ecológico al analizar sujetos sometidos a las condiciones naturales de su medio (Cravioto, J., 1972), en otros (los de intervención propiamente dicha) se refiere al compromiso de la introducción y la manipulación de variables a través de programas de acción (Klein, R.E., en prensa; Scrimahaw, N., 1968; Instituto Colombiano de Bienestar Familiar, 1973: Ojemann, R., y Pritchett, K., 1965, y otros).

A pesar de las discusiones suscitadas últimamente en torno a la teoría subyacente en las mediciones clásicas del desarrollo y en su aplicación, los resultados obtenidos por los primeros proyectos de intervención de carácter cuasiexperimental no sólo tendieron a enfatizar los hallazgos anteriores, sino también a demostrar la posibilidad de logros preventivos, de mejoramiento e incluso de recuperación.

Evidentemente, todavía no se conoce claramente el tiempo de duración de los efectos, más bien parecía que disminuyen con el tiempo, pese a que algunos informes (McKay, 1978) reportan ganancias a un mediano plazo, ni se sabe con claridad cómo es el mecanismo de interacción de las diferentes variables asociadas con el desarrollo del niño. Por otra parte, los insumos sociales y psicoeducacionales no están suficientemente definidos, de tal manera que no se han establecido las rutinas ni los tipos de interacción.

Si bien existen lagunas en cuanto a la teoría y a las dificultades metodológicas, muchas agencias de investigación o de servicio han organizado proyectos de intervención en familias y comunidades pobres, como es el caso de Colombia con el proyecto de CEDEN-FEPEC *Salud, nutrición y desarrollo mental.*

Esta tendencia responde a un clamor general, detectado también en los países industrializados, que se manifiesta en una insatisfacción en la expansión de los servicios educativos para los niños pequeños en forma actual. Bárbara Tizard (1974) concluyó, luego de un estudio basado en las opiniones de los investigadores en Gran Bretaña, que el único acuerdo general radicó en dicha insatisfacción. Muchas preguntas se plantean, evidentemente, en las áreas especializadas respecto de los programas de aprendizaje, sobre el ámbito de afección del comportamiento debido a deficiencias proteínicas, de hierro y otros. Sin embargo, ¿hasta qué punto la educación y los mecanismos culturales en juego en determinada sociedad pueden contribuir en la tarea de romper el círculo de la desventaja? Es una pregunta de poderosa repercusión social.

El ritmo de multiplicación de los llamados *proyectos de intervención* dirigidos o a niños provenientes de ambientes deprivados o a sus padres, ha adquirido una aceleración muy notable en América Latina. El influjo de este movimiento en la formulación de políticas nacionales ha sido también evidente en los casos de países como Chile, Panamá y Colombia.

En México, Guatemala, Colombia, Venezuela, Perú, Ecuador, Panamá, Chile, Brasil y Uruguay han surgido diferentes programas piloto que atienden a niños provenientes de poblaciones marginadas desde el nacimiento hasta los 6 años de edad. Algunos de ellos se concentran en los primeros 36 meses de la vida. (Investigación sobre desnutrición infantil del ICBF en el sur de Bogotá, programa de Estimulación Precoz del Ministerio de Salud de Chile, investigación sobre la desnutrición dirigida por Cravioto en México); en cambio, otros cubren la gama de la edad previa al ingreso a la escuela (INCAP en Guatemala; COIFS en Panamá; FUNDA CREDSA en Venezuela; CEDEN en Colombia, etc.)

La mayor parte de estos programas se hallan situados en áreas urbanas (en el área rural: Guatemala, Chile, México); algunos dependen de instituciones como hospitales y escuelas, y otros no tienen una presencia institucional en las comunidades a las cuales sirven.

Las estrategias, tanto de prestación de servicios como de educación, son muy variadas en dichos programas, y el personal de apoyo utilizado tiene diferentes niveles de preparación y, por tanto, cumple también diversas funciones.

El estilo de la investigación, asociada generalmente a tales programas comunitarios, posee un sesgo más bien evaluativo de los efectos finales, y sus limitaciones metodológicas manifiestas a través de la instrumentación, los controles, el análisis de los datos, son bien conocidas. (Pollitt, 1978).

En términos generales, los pocos informes existentes tienden a presentar resultados más bien optimistas en los programas que incluyen complementación alimentaria. Así, por ejemplo, Suescún, J. resume los resultados parciales del estudio realizado en los barrios del sur de Bogotá:

"Los resultados del programa de estimulación sobre el desarrollo del niño son evidentes, como se ha podido demostrar en los análisis que se han hecho en relación con el crecimiento físico en su primer año de vida, el grupo que ha recibido complementación y estimulación muestra diferencias significativas a partir del cuarto mes en relación con el grupo que sólo ha recibido complementación. Estas diferencias son mayores en relación con el grupo control.

Los efectos de la estimulación sobre la interacción madre-hijo a los cuatro meses indican que el programa de estimulación motiva a la madre para alzar y sostener al niño, mirarle, hablarle y conversarle, la madre presta más atención a los requerimientos por medio del llanto del niño e igualmente da más atención a los actos de vocalización por parte del niño. No hubo efectos del programa sobre el desarrollo cognitivo de los niños; durante el primer año se han concentrado en el área del lenguaje, mientras que hasta esta edad no se han mostrado diferencias significativas con el grupo control de otras áreas de desarrollo".

Lo mismo se podría decir de los programas complementarios a acciones de salud, como es el caso del estudio de Montenegro y otros para niños menores de 2 años, quienes expresan así los logros obtenidos:

"Con base en estas comparaciones puede afirmarse que a partir de los 6 meses de edad y hasta los 21, el grupo sometido al currículo de estimulación supera significativamente al grupo que no recibió intervención alguna. Además, el grupo de niños estimulados no difiere significativamente de las normas de nivel socioeconómico medio-alto".

Es de notar que los programas puramente educativos poseen menos evidencias en cuanto a su efectividad, medida en términos de desarrollo del niño.

Generalmente los programas piloto de intervención constituyen un intento de respuesta al problema de la multiplicación o del cubrimiento de servicio con base en los hallazgos hechos por los proyectos más clásicamente experimentales; sin embargo, el distanciamiento entre la investigación y la práctica social en el área de desarrollo infantil continúa siendo un hecho evidente y un tema de gran frustración y preocupación universal.

En torno a este problema surgen una serie de interrogantes que no sólo se relacionan con la comunicación o la difusión de resultados de la investigación, sino también, y principalmente, con la naturaleza misma de los resultados obtenidos, de las condiciones bajo las cuales se obtienen y de su relevancia en términos de su utilización en la vida diaria.

Según se expuso antes, las evidencias logradas no permiten concluir que ya se poseen suficientes respuestas como para realizar exclusivamente programas masivos de intervención, bajo el supuesto de que ya se conocen los mecanismos básicos del desarrollo del niño en ambientes de pobreza, de sus alteraciones, de su posible prevención y particularmente de las variables sociales y culturales implicadas.

Todo esto significa que es necesario seguir explorando en la literatura y en el laboratorio, pero también y fundamental en el terreno, en los hogares, en la calle y en los lugares donde juegan los niños. Bajo esta perspectiva, la investigación como elemento de búsqueda en los programas piloto adquiere plena vigencia no sólo como una forma de evaluación sino también porque puede constituirse en un mecanismo de aclaración y de sistematización del conocimiento especial, particular del conocimiento que debe convertirse en prácticas sociales para que los resultados que se puedan obtener de estudios que incluyan variables culturales y sociales, permitan al menos, contextualmente, el planteamiento de proposiciones más directamente relevantes para su utilización en la crianza y el cuidado de los niños. En otras palabras la investigación debe servir a la comunidad.

Desarrollo de algunas teorías psicológicas

Es interesante desarrollar un poco más ampliamente, pero aún de manera particular, algunas teorías psicológicas importantes, para ofrecer un panorama completo que ayude a comprender tanto el desarrollo como la actividad cognitiva del niño.

Al igual que muchas áreas del pensamiento en las que se consideró al niño como objeto de estudio, la psicología le da un tratamiento particular. El niño no es un adulto en miniatura ni sus problemas se pueden manejar con los criterios del adulto, sino que él posee una dinámica y particularidades propias; incluso, casi todos los autores están de acuerdo en que el desarrollo de la psiquis y del abordaje que realice el niño sobre el medio ambiente depende de la psiquis del adulto, lo que se imprima en la mente infantil tiene un especial significado para el futuro psíquico del niño.

Fundamentos de la teoría psicoanalítica

Actualmente nadie desconoce la importancia de la teoría psicoanalítica en el desarrollo del pensamiento científico y del aporte de ésta a la psicología y a la psiquiatría contemporáneas. Muchos de los conceptos psicoanalíticos han sido incorporados como bases de la psicología actual y han influido en varias áreas del pensamiento.

El arte, la literatura, la antropología, la cinematografía y muchas otras manifestaciones culturales se han visto influidas por las teorías freudianas y por los seguidores del psicoanálisis, José Ortega y Gasset escribe de Freud en el prólogo de una edición de las obras completas:

> ... Surgió para Freud la necesidad de elaborar todo un sistema psicológico, construido con observaciones auténticas y arriesgadas hipótesis. No hay duda de que algunas de estas invenciones -como la represión- quedarán afincadas en la ciencia. Otras aparecen un poco excesivas y sobre todo bastante caprichosas. Pero todas son de sin par agudeza y originalidad.

En la edición de *Biblioteca Nueva* de las obras completas de Sigmund Freud, tomo I, en su introducción, Juan Rof Carballo hace un análisis que reproduzco textualmente porque ubica muy bien el pensamiento y los aportes de Freud en la vida moderna:

"Lo que más asombro produce cuando recorremos retrospectivamente el camino de las ideas de Freud, a lo largo de los tres primeros cuartos de siglo, es su inmensa, su innegable, su inextinguible fecundidad. Las gentes de la más varia condición: psiquiatras, médicos, psicólogos, filósofos, sociólogos, lingüistas, antropólogos, críticos literarios, escritores de toda índole, adoptan ante él las posiciones más variadas. Son unas veces seducidos, otras se indignan; sienten fascinación o repulsa, reaccionan con crítica, con admiración con enmiendas, con rechazo. Se habla de la agonía del psicoanálisis, de su muerte casi inmediatamente de su acción nefasta sobre la cultura, de su falsedad. Pero, no obstante, no es posible en la actualidad hacer seriamente filosofía, antropología médica, neurología, psiquiatría, sin un enfrentamiento dialéctico con el pensamiento de Freud. Como un gigante, desde sus páginas escritas en lengua diáfana y bella, que como acabamos de ver restablece los fueros del idioma germano, preside nuestro siglo. Su obra forma parte inexcusable de la biblioteca de todo hombre culto. Quiéralo o no, acéptalo o no; cualquiera que sea la actitud que frente a Freud se adopte".

Dos filósofos franceses bien dispares, Paul Ricoeur y Michel Founcault, coinciden en la tesis de que los tres pensadores que determinan la peculiar toma de conciencia del hombre moderno que caracteriza a nuestro tiempo son Marx, Nietzsche y Freud. Ricoeur, filósofo cristiano, afirma:

"No cabe la menor duda de que la obra de Freud es tan importante para la toma de conciencia del hombre moderno como la de Marx y la de Nietzsche; el parentesco entre estas tres críticas de la conciencia *falsa* es evidentísimo ... La significación para nuestro tiempo de estos tres exegetas del hombre moderno no podrá ser realizada más que conjuntamente para todos ellos... Ante todo concentran su ataque sobre la misma ilusión aureolada de un hombre prestigioso: la ilusión de la conciencia de sí... La filosofía formada en la escuela de Descartes sabe que las cosas son dudosas, que no son tales como aparecen; pero en cambio de lo que no duda es de que la conciencia sea tal como se aparece a ella misma; en ella coinciden sentido y conciencia del sentido. Ahora bien, a partir de Marx, de Nietzsche y de Freud esto es lo que ponemos en duda. Tras la duda sobre la cosa, hemos entrado en la duda sobre la conciencia..."

Similar, aunque desde un punto de vista filosófico radicalmente opuesto, es la opinión de Foucault. Si para Ricoeur, Nietzsche, Marx y Freud son los tres grandes maestros de la sospecha, para Foucault es el lenguaje el que en nuestro tiempo debe ser motivo de sospecha. Esta tiene dos modalidades: la primera es la de que el lenguaje no dice exactamente lo que dice. Detrás o por debajo de lo que aparenta decir, el lenguaje dice algo más importante que la primera; la segunda sospecha es todavía más grave. hay, tres obras capitales para el mundo moderno; El Capital, de Marx, El nacimiento de la tragedia, de Nietzsche, La interpretación de los sueños, de Freud. En todas ellas se lleva a cabo lo que ya Ricoeur denominaba demistificación de la razón. obligándonos a interpretarnos a nosotros mismos, estas obras nos llevan a una posición de autorreflexión, de crítica.

Es en verdad interesante, desde el punto de vista del pensamiento, que la influencia de los conceptos freudianos llegue a penetrar todos los campos de la cultura y de la ciencia. Sin embargo, esta aceptación tácita o tolerada no fue siempre así; al inicio de sus planteamientos teóricos, el rechazo que generó Freud fue de tal magnitud que muchos de sus integrantes fueron expulsados de las sociedades científicas. Uno de los problemas generados por sus planteamientos fueron los conceptos en lo que en términos psicoanalíticos se llamó "sexualidad infantil", que chocó claramente con los valores sociales. Hoy se reconoce que tal vez el rechazo fue producto de un mal entendimiento semántico de lo que es la sexualidad infantil, en términos psicoanalíticos, y no el valor y el uso emotivo que le da la sociedad al término, extendiéndolo e igualándolo a la sexualidad del adulto.

"La teoría psicoanalítica postula la existencia de un aparato mental que opera en virtud de la presencia innata de una serie de tendencias instintuales destinadas a asegurar el bienestar y la sobrevivencia del individuo y de la especie, cuyas transformaciones adaptativas integran los componentes de tal aparato. Las tendencias instintuales se conciben como una fuerza única, y para su mejor entendimiento se han dividido teóricamente en agresión y líbido. La presencia en el humano de una tendencia agresiva ha sido históricamente ignorada, hasta hace muy pocos años. Sin embargo, las investigaciones etológicas y de psicología comparada han puesto una vez más énfasis en la importancia de esta tendencia instintual. Lorenz, Ardrey, Timbergen y otros etólogos notables han ofrecido nuevos puntos de vista en este respecto, al paso que Fletcher ha revisado la importancia del concepto dentro del campo de la psicología normal y patológica...

Es obvio que estas áreas varían de acuerdo con las necesidades biológicas del momento del desarrollo del individuo; por lo tanto, su importancia como fuente de gratificación dependerá, en cada instante desarrollacional, de su nivel en la jerarquía de importancias biológicas. De esta manera será de esperar que durante el transcurso del desarrollo las tendencias instintuales, no sólo libidinales sino también agresivas, fijen sus catexis en diferentes áreas o funciones, y que ello debe tener una secuencia y cierto ritmo. A tal conjunto de operaciones y eventos se le denomina *desarrollo psicosexual*, que en última instancia determina la manera como se disponen las catexis durante la vida adulta y conforma el funcionamiento, normal o anormal, del aparato mental maduro" (Cobos Francisco *Psiquiatría infantil*).

La *teoría psicoanalítica se derivó del psicoanálisis como práctica terapéutica* que fue integrándose con el fin de dar una explicación coherente a los hechos de los pacientes, como otras teorías, intenta explicar el comportamiento humano a través de la existencia de una estructura mental que se ciñe a un proceso de desarrollo. Las desviaciones a este desarrollo constituyen la psicopatología.

La *teoría psicoanalítica* desarrolla postulados referentes al desarrollo de los mecanismos psíquicos normales o anormales del individuo, y el psicoanálisis es una teoría terapéutica que se nutre de toda la teoría psicoanalítica como lo hizo y hace la teoría psicoanalítica del psicoanálisis.

Uno de los intentos de Sigmund Freud fue explicar coherente y totalmente el desarrollo del aparato mental, lo que permite tener una visión amplia y clara de sus desviaciones.

En los inicios, Freud intentó explicar el comportamiento humano a través del funcionamiento neuronal, dada su función como neurólogo clínico, pero el desarrollo incipiente de esta disciplina médica lleva a un fracaso en este intento, aunque, Freud siempre piensa que éste era el camino más correcto y que, por lo tanto, la teoría psicoanalítica constituía sólo una abstracción metodológica. Como tratar de identificar el fondo de un profundo lago desde la playa, sin sumergirse, pero con precisas y repetidas observaciones sobre su comportamiento que le significará acercarse a conocer la realidad dada la imposibilidad de hacerlo de otra manera.

Algunos aspectos tratados por Freud, a modo de ilustración, se mencionan a continuación:

Los instintos

Es un sistema biológico destinado a aumentar las posibilidades de sobrevivencia del ser y que es filogenéticamente característico de cada especie. El concepto de instinto debe poseer una condición interna que predispone al organismo a reaccionar específicamente a un objeto y a tener una selectividad en la respuesta.

Las respuestas instintivas de la especie humana pueden sufrir alteraciones y modificaciones, según la experiencia y la reflexión individuales, aspecto que diferencia la respuesta constitutiva animal y la de la especie humana.

En el animal la respuesta instintiva es inmediata, mientras que en el humano es retardada por la creación de un estado de tensión, muy importante para el funcionamiento psíquico, pero llegado al punto de la respuesta del instinto, el estado de tensión psíquica desaparece, raudo a la respuesta; a este estado de anulación de la tensión se le conoce como gratificación, por lo tanto, se crea una secuencia operativa del instinto así: estímulo -tensión- respuesta gratificación, y esta secuencia conlleva gasto psíquico, de manera análoga al trabajo físico, consume energía psíquica.

Se supone que la memoria, la fantasía, los pensamientos relacionados con objetos, personas o ambiente, actúan como estímulo de la secuencia operativa instintual y que la cantidad de energía de cada representación psíquica es la *catexis*. Así, a mayor sea la fuerza instintiva que un representativo psíquico desencadene mayor su catexis y mayor la importancia psíquica del objeto.

La líbido

La energía psíquica consumida en las operaciones de los instintos se conoce con los nombres de energía de agresión y energía de la tendencia instintual sexual o líbido. La líbido constituye la energía psíquica consumida en la tendencia instintual sexual.

"Por lo que concierne a la biología, digamos que no contradice en absoluto a la distinción entre los impulsos sexuales y los impulsos de yo. La biología nos enseña que la sexualidad no puede ser puesta en el mismo plano que las otras funciones del individuo, puesto que sus tendencias le superan y que tiene por objetivo la creación de nuevos individuos, y por consiguiente el mantenimiento de la especie (*Meta psicología*)".

Este autor integra el conocimiento de la antropología cultural, la psicología social y de la Gestalt al desarrollo infantil, las artes y la historia para introyectar el mundo del infante. Por eso, sus aportes son tan importantes para educadores y profesionales de la psicología y del psicoanálisis.

"Líbido es un término adaptado de la teoría de la afectividad. Designamos por tal la energía (considerada como una fuerza cuantitativa pero aún mensurable) de las tendencias, refiriéndose a lo que resumimos en la palabra amor (*Ensayos de Psicoanálisis*).

El eros de Platón presenta, en cuanto a sus orígenes, a sus manifestaciones y a sus relaciones con el amor sexual, una completa analogía con la energía, con la líbido del psicoanálisis.

Distinguiremos la líbido de la energía, que hay que suponer en la base de todos los procesos psíquicos en general. La distinción que establecemos corresponde a los orígenes propios de la líbido; así le otorgamos, además de su carácter cuantitativo, un carácter cualitativo. Cuando distinguimos la energía de la líbido de cualquier otra energía psíquica, suponemos que los procesos sexuales del organismo se distinguen de las funciones de nutrición por un quimismo particular (*Tres ensayos*)".

Funciones del aparato mental

El punto crucial de la teoría psicoanalítica es la postulación hipotética de las funciones de un aparato mental que explica la conducta humana y la concepción de un aparato mental dividido, pero funcionando integradamente en consciente, preconsciente e inconsciente; esta teoría se le denomina *teoría topográfica*.

El consciente representaría a los contenidos generados por los eventos provenientes de medio ambiente del organismo mismo o a eventos que son transportados desde el preconsciente por situaciones especiales; éste es el caso de conducir con automóvil que se realiza de manera inconsciente pero que por situaciones particulares se toma plena conciencia y su actividad adquiere un interés específico. Son situaciones dotadas de *catexis*. El preconsciente está compuesto de aquellos contenidos mentales que son accesibles al consciente cuando son dotados de catexis y de otros provenientes del inconsciente en proceso de conciencia.

El sistema inconsciente lo constituyen todos los materiales psíquicos que no tienen acceso al consciente, y deben ser considerados como las manifestaciones de las tendencias instintuales no modificadas. Estos elementos se encuentran reprimidos, pero los elementos instintuales tienden a ampliar su cometido, sin tener en cuenta otro elemento; por eso se plantea que se rigen por el principio del placer, y a diferencia de los contenidos del consciente, que se manifiestan por el principio de realidad.

"La hipótesis del inconsciente es necesaria y legítima, y la existencia del inconsciente es por lo demás probada de múltiples formas. Es necesaria porque las enseñanzas que nos suministra el consciente están llenas de lagunas; tanto en los seres normales como en los enfermos, se observan a menudo actos psíquicos que, para ser comprendidos, presuponen otros actos cuyo consciente, sin embargo, no sabe dejar constancia de nada. No se trata sólo de actos fallidos, de sueños tenidos (o experimentados) por personas normales, de todo aquello que se llama síntomas psíquicos y fenómenos obsesivos en los enfermos, sino que nuestra propia experiencia personal de cada día nos permite observar ideas cuyo origen permanece desconocido, y resultados del pensamiento cuya elaboración permanece misteriosa...*(Metapsicología)*

Si ciertos filósofos encuentran difícil admitir la existencia de un pensamiento inconsciente, yo encuentro más difícil aún pensar en la existencia de un consciente inconsciente. *(Metapsicología)*".

Teoría estructural

Este nuevo elemento de la teoría psicoanalítica pretende explicar algunas funciones del aparato mental. Plantea que el individuo es una entidad que posee fuerzas instintivas destinadas a augurar su supervivencia, a las que llama *Id* y que necesita a su vez de otra función que la ponga en contacto con su medio ambiente para apoyarla en su necesidad de sobrevivir, es el ego. La organización social, cultural de las condiciones hace necesaria la relación de funciones psíquicas que permitan su intercambio y comunicación, con un sistema de valores y socialización al que se denomina *superego*. Estos tres elementos constituyen la función del aparato mental.

El Id está formado por las tendencias instintivas; se diferencia del inconsciente en que está estructurado por las representaciones de tales tendencias. El Id son las tendencias mismas que residen en el inconsciente y se movilizan con las leyes del principio del placer.

> "... el Id no conoce las leyes de la lógica, ignora la negación, el tiempo no existe para él y por lo tanto es inmutable, desconoce los valores, tales como el bien y el mal, ignora la moralidad (Freud)".

Como factor primordial se debe recordar que las funciones del ego requieren algo de madurez del sistema nervioso y que su alteración impide su adecuado funcionamiento y desarrollo.

Las principales funciones atribuidas al ego son: recepción, acción y control de la motividad, uso del principio de realidad, regulación de los mecanismos relacionados con la angustia, activación de los procesos secundarios, mecanismos de defensa, memoria, afectividad, pensamiento, raciocinio, conciencia, lenguaje, integración y armonización y cualquier acción que implique una ganancia adaptativa del individuo.

El superego lo constituye la estructura mental especializada en las relaciones con los otros individuos de la misma especie bajo un sistema de valores que abarca conceptos tales como ética, moral, ideales y similares. La formación del superego se construye a través de un proceso de maduración que es continuo, desde una etapa prelógica y preverbal del desarrollo, seguida por el principio del placer en donde no existe formación estructural superegotal, pasando por un período de aparición del ego primitivo y formación de precensores superegotales o sea las fuerzas que se oponen a las satisfacciones inmediatas de los instintos.

El establecimiento del superego está íntimamente relacionado con la dinámica que caracteriza al concepto psicoanalítico llamado *complejo de Edipo,* que está determinado por las tendencias del niño a poseer totalmente para sí el padre del sexo opuesto, al mismo tiempo que se desea la desaparición del padre del mismo sexo. Este nombre es tomado de la mitología griega del rey Edipo quien desposó a su madre y mató, sin saberlo, a su propio padre.

Otro concepto importante durante esta etapa psíquica de formación del superego lo constituye la *angustia de castración,* por la importancia que le da la teoría psicoanalítica a la zona genital durante este edad, que sugiere que el niño al fantasear y temer ser agredido y sufrir los mismos castigos que él desea para otro, los centra en su zona genital con gran angustia.

La Psicología de Jean Piaget

Jean Piaget, considerado como uno de los teóricos más importantes del desarrollo humano, al igual que Freud, aporta un avance en el conocimiento de la mente humana y ha creado nuevos campos en el conocimiento científico. Psicólogo y epistemólogo, crea la epistemología genética, tratando de dar respuesta a problemas epistemológicos a través del desarrollo humano.

Uno de los aportes que más se conocen de Piaget, aunque no el más importante, hace referencia al descubrimiento de las estructuras psicológicas sobre las cuales se basa la formación de conceptos y los sistemas dinámicos de equilibrio, entre sujeto y objeto. Planeó que el desarrollo mental tiende a comportarse igual en todos los sujetos y que posee una misma tendencia hacia el equilibrio. Piaget dirigió sus investigaciones hacia el conocimiento del proceso cognitivo.

Las primeras observaciones de Piaget fueron realizadas sobre una población muy pequeña de niños de Ginebra, y sus conclusiones fueron planteadas para todos los niños, el *niño universal* como le llamaron. Fueron observaciones escasas en número pero muy cuidadosas y detalladas: supuso que la confiabilidad de los datos era directamente proporcional a la cantidad de los datos que ofreciera la observación del sujeto y que la investigación empírica es una forma de validar las conclusiones obtenidas por la vía de lógica; por lo tanto, a través de la lógica es posible generalizar los hechos y sobre éstos volver a plantear conceptos. La consistencia lógica de los conceptos es por consiguiente fundamental para la universalización y la validez de los mismos.

Enfoque de la elaboración teórica

Un factor fundamental en la elaboración de cualquier teoría es el enfoque científico de su autor y la selección de los instrumentos para realizarlo. La historia vital de Piaget refleja claramente su educación inicial en las ciencias biológicas, cuando recopilaba y clasificaba datos. El hombre de ciencia se complementa con el filósofo, que busca sistemas lógicos que aporten explicaciones internamente coherentes de todas sus partes.

Piaget parte del supuesto de que la investigación detallada de una pequeña muestra de una especie suministrará una información básica inherente a todos los miembros de la misma. Por ejemplo, los niños de Ginebra, y en especial sus propios hijos, representan a los niños en general. Hasta hace muy poco no tenía en cuenta las diferencias sexuales; dividía sus muestras sólo de acuerdo con los límites de edad deseados. Además, Piaget supone que la confiabilidad de un hallazgo se relaciona directamente con los datos más o menos completos proporcionados por el informante. Mide la validez por el grado de consistencia interna que existe entre sus hallazgos y sus proposiciones teóricas. En otras palabras, para Piaget la investigación empírica es un instrumento que confirma o refuta hechos establecidos previamente por vía lógica. Una vez establecidos los hechos, es posible generalizar sobre ellos. Estos hallazgos sirven no sólo como base para adquirir inductivamente nuevos datos, sino también como fuente para la deducción hipotética de nuevos conceptos. Para Piaget, la consistencia lógica de todos los hallazgos es el criterio más decisivo de su posible utilidad.

Piaget introduce dos métodos fundamentales de investigación que son muy afines a los que utilizan en la ciencias nucleares:

1. El análisis paso a paso fundado en una investigación de causa y efecto, que forma una red caracterizada por las relaciones jerárquicas y los vínculos combinados.

2. El análisis de las implicaciones, considerando el campo como un todo y también la coordinación de sus partes. En matemáticas este método es comparable al de los grupos y en lógica a la operación proposicional.

La investigación empírica, unida al método inductivo de razonamiento, es semejante al primer enfoque; el razonamiento por vía lógica combinado con la construcción de hipótesis por deducción es similar al segundo. Piaget subraya que la lógica simbólica puede aplicarse científicamente como instrumento de investigación, por lo menos en la misma medida en que las técnicas estadísticas empleadas en forma más corriente. E. A. Smith observó que este autor maneja un sistema cerrado, pues ha llegado a la conclusión de que el desarrollo de la cognición alcanza cierto equilibrio en la madurez (presumiblemente hacia el final de la adolescencia), de modo que un individuo puede aplicar la lógica como un instrumento fundamental del funcionamiento cognoscitivo. Smith observó, además, que Piaget interrumpió su trabajo, así como su esquema del desarrollo, en el punto en que un individuo tiende a utilizar los mismos instrumentos que aquel empleó básicamente en sus actividades de investigación.

Después que Piaget desarrolló su propio marco técnico, su investigación ulterior (aproximadamente desde 1939) muestra un aumento constante del número de sujetos utilizados para la comprobación de cada nueva hipótesis. En la última década, sus investigaciones tienen un número de 1 500. Estudios recientes en diferentes regiones del mundo -Nueva York, Japón y Africa Occidental- han confirmado la validez de las hipótesis de Piaget. De ellos se deduciría que las pautas de pensamiento y el desarrollo cognoscitivo de los niños de Nueva York, Tokio o Africa Occidental son idénticos a los que hallamos en los niños de Ginebra. En una mesa redonda (1935), Piaget comenta que ahora sabe que los varones y las niñas enfocan consecuentemente de distinto modo los problemas relacionados con las cuestiones espaciales. John H. Flavell duda de la validez de algunos de los trabajos de Piaget, al observar que a veces éste fuerza los hallazgos de su investigación empírica para validar su hipótesis teórica. E. A. Smith, profesor de la Escuela de Asistencia Social de la Universidad de Washington, compartió esta observación con el autor mientras estaba una edición anterior de este libro.

Este tipo de análisis científico crea muchas críticas pero durante los últimos actos tanto Piaget como sus observaciones han aumentado; su número de investigaciones, se ha limitado a ciertas exigencias estadísticas y ha demostrado que algunos de los conceptos planteados por Piaget se presentan tal como él los identificó por el camino de la lógica. Por ejemplo, su teoría del desarrollo cognoscitivo que descansa en una cadena de supuestas lógicas, tal como lo identifica Maier Henry.

Su teoría del desarrollo cognoscitivo o cognitivo descansa en una cadena de supuestos que hallan explicación en dos aspectos diferentes de su teoría del desarrollo; primero, el crecimiento biológico apunta a todos los procesos mentales como continuación de procesos motores innatos; y segundo, en los procesos de la experiencia el origen de todas las características adquiridas, el organismo descubre la existencia separada de lo que experimenta. En otras palabras, no es tanto la maduración como la experiencia lo que define la esencia del desarrollo cognoscitivo. Al experimentar sus propios reflejos innatos, el individuo se ve llevado a utilizarlos y a aplicarlos, y de ello se desprende la adquisición de nuevos procesos conductales. Por consiguiente, la adquisición de sistemas humanos de organización no es puramente social ni enteramente el resultado de la maduración; estos sistemas se originan más bien en las pautas naturales de vida de un individuo. De acuerdo con las palabras de Piaget, son una "Ley de la Naturaleza". La evolución de la organización cognoscitiva se explica mediante dos supuestos diferentes, sugeridos alternativamente por Piaget:

1. La organización y la interrelación de los objetos, el espacio, la causalidad y el 'tiempo implican la existencia a *priori* de pautas definidas de desarrollo intelectual.

2. El intelecto organiza su propia estructura en virtud de su experiencia con los objetos, el espacio, la causalidad y el tiempo, y la interrelación de estas realidades ambientales.

Por lo tanto, Piaget concibe que en la conducta cognoscitiva humana se cambian varios aspectos: *la maduración,* asociada a la maduración del sistema nervioso, la *experiencia:* internamente ligada al medio ambiente que rodea al sujeto, la *transmisión social:* aspectos que influyen sobre la experiencia del sujeto y el *equilibrio:* mecanismo de autorregulación por el cual el crecimiento mental progresa hacia niveles de organización más complejos.

Adaptación, asimilación y acomodación son también conceptos que postula Piaget. Hace referencia a la adaptación como el esfuerzo cognitivo del sujeto durante el proceso de la búsqueda de un equilibrio con su medio ambiente, proceso que depende a su vez de otros dos: la asimilación y la acomodación. La asimilación cuando un sujeto adapta el medio ambiente a su proceso cognitivo y la acomodación es el proceso inverso, o sea, representa la influencia del medio ambiente. La acomodación ajusta el organismo al objeto o evento e implica modificaciones en las funciones específicas del sujeto quien se ajusta congruentemente a las del sujeto.

En la orientación, el sujeto se apropia del medio y en la acomodación el medio influye el proceso cognitivo del sujeto. Estos procesos actúan conjuntamente y en equilibrio. Piaget dice que un objeto no puede existir por sí mismo, si no es por los procesos de asimilación y acomodación del sujeto que lo identifica.

El desarrollo en Piaget

La concepción del desarrollo de Piaget es tal vez uno de sus conceptos más conocidos por su injerencia en la educación y en la psicología. Plantea que el desarrollo es un proceso dinámico, inherente al sujeto, inalterable y evolutivo que pasa por diferentes estadios o fases y subfases, cada uno de éstos muy bien diferenciados y secuenciales. Piaget utiliza los términos fase o estadio indiscriminadamente, pero en términos usuales se emplea fase para denotar a los cinco períodos en que Piaget dividió el desarrollo cognitivo que contiene puntos homogéneos de estilo de vida durante ese período. Estadio se utiliza con mayor frecuencia para hacer referencia a las subfases de las cinco fases fundamentales.

Cada fase posee una conformación y unas características de estilo de vida, organizadas dentro de un período de edad muy definido y con una secuencia de presentación que al completarse produce un equilibrio transitorio y un desequilibrio con el movimiento de una nueva subfase, que tiende nuevamente al equilibrio. De esta manera, se crea un desarrollo evolutivo, con una *continuidad* en el proceso en donde cada nivel se desarrolla con base en el anterior y así el subsiguiente. Cada fase representa la repetición de procesos del nivel anterior, sólo que valorados y ejecutados en un nivel superior.

Piaget subdivide el desarrollo en tres períodos o modalidades de inteligencia que proseen las cinco fases fundamentales y varios estudios o subfases, ubicados en períodos concretos de edad.

A. Inteligencia sensoriomotriz

Fase sensoriomotriz (0-2 años)

Estadio I: Uso de reflejos (0-1 mes).
Estadio II: Primeras adaptaciones adquiridas y reacciones circulares primarias (1 a 4 y medio meses).
Estadio III: Coordinación de la visión y la precisión, reacciones circulares secundarias (4 y medio a 9 meses).
Estadio IV: Coordinación de esquemas secundarios y su aplicación a nuevas situaciones (9 a 12 meses).

Estadio V: Diferenciación de esquemas de acción con la aparición de reacciones circulares terciarias y descubrimiento de medios nuevos para la experimentación activa (12 a 18 meses).

Estadio VI: Primera internalización de esquemas y solución de algunos problemas por deducción. Invención de nuevos medios mediante combinaciones mentales (18 a 24 meses).

B. Inteligencia representativa mediante operaciones concretas o período preoperacional

Fase preconceptual

Estadio I: Aparición de la función simbólica o pensamiento preconceptual (2 a 4 años).

Fase del pensamiento intuitivo

Estadio II: Organizaciones representacionales basadas en configuraciones estáticas como en la asimilación de la propia acción (5 a 5 y medio años).

Estadio III: Regulaciones representativas articuladas (5 y medio a 7 años).

Fase operacional concreta

Estadio I: Operaciones simples (clasificación, seriaciones) (7 a 9 años).

Estadio II: Sistemas totales (coordenadas euclidianas, conceptos proyectivos, simultaneidad) (9 a 11 años).

C. Inteligencia representativa mediante operaciones formales

Fase operacional formal

Estadio I: Lógica hipotético-deductiva y operaciones combinatorias (11 a 14 años).

Estadio II: Estructura de reticulado y el grupo de cuatro transformaciones (14 años en adelante).

El desarrollo humano es una situación continua de cambios adaptacionales; cuando se alcanza un grado de adaptación y equilibrio, el individuo se enfrenta a nuevas tareas desarrollacionales para cuyo cumplimiento se halla en desequilibrio; esta sucesión de equilibrio-desequilibrio al final del período de adaptación es uno de los motores del desarrollo y presupone que para alcanzar un estadio es condición necesaria que haya pasado el estadio inmediatamente anterior.

Fase sensoriomotriz

Piaget le confirió una especial importancia a este primer período del desarrollo humano, y centra su trabajo en los dos primeros años de vida más exhaustivamente que cualquier período ulterior. Esta fase depende fundamentalmente de la experiencia sensoriomotora o somatomotora, y abarca la edad comprendida desde el nacimiento hasta los 24 meses aproximadamente, cuando el niño tiene un mundo vinculado con sus deseos de satisfacción física. La tarea fundamental de desarrollo en este período es la coordinación de los actos motores a la sensopercepción en un todo.

Este desarrollo se explica con base en seis estadios:

1. Uso de reflejos.
2. Reacciones circulares primarias.
3. Reacciones circulares secundarias.
4. Coordinación de los esquemas circulares secundarios.
5. Reacciones circulares terciarias.
6. Invención de nuevos medios y combinaciones mentales.

El uso de los reflejos es la característica principal de la conducta en el primer mes. Es la experimentación de los reflejos el que provee la experiencia para alcanzar nuevas etapas de maduración. El uso repetitivo, rítmico, de calidad y secuenciales de los reflejos, combinado con la maduración neurológica tiende a formar hábitos y en un futuro su maduración neurológica tiende a formar hábitos, y se realiza el paso de los reflejos a los movimientos voluntarios.

El segundo estadio se caracteriza por la repetición del infante de manera voluntaria, acciones que antes no eran sino reflejos, su aparición implica un grado de maduración neuronal o neurológica.

La repetición del estímulo en forma secuencial seguido por la respuesta conduce a la creación de señales. El término reacción circular primaria define la asimilación de una experiencia previa y el reconocimiento del estímulo que inicia la reacción. La presencia de la reacción circular primaria inicia el proceso de acomodación, procesos que en unión de aquéllos de asimilación constituyen la adaptación.

Las reacciones circulares secundarias se refieren a la modificación de las primarias, en el sentido de que éstas adquieren una función nueva para ser prolongadas, aun cuando la actividad continúa siendo la causa primaria de la experiencia, la capacidad para evaluar cambios cualitativos y cuantitativos se inicia con la experiencia de estos estadios. Es en este tercer estadio que se continúan las pautas de reacción circular primaria, combinadas con funciones que la elevan más allá de su actividad básicamente orgánica.

En el estadio de los esquemas secundarios, que se presenta aproximadamente al año de edad, el niño utiliza conductas aprendidas anteriormente como base para incorporar otras a un repertorio cada día más amplio. El niño ha refinado su capacidad de generalizar y diferenciar y las experiencias específicas también se generalizan para dar paso a una nueva clase de experiencias. Esta fase del desarrollo sensorial se caracteriza por el ensayo y el error. El niño puede experimentar la acción mediante la observación, deja que ocurran cosas y observa los resultados.

Las reacciones circulares terciarias, características del quinto estadio, tienen lugar en la primera mitad del segundo año de la vida; incluye la aplicación de antiguos medios, propios de las reacciones circulares secundarias a nuevas situaciones. El niño incorpora estas experiencias de su conocimiento y sus resultados en esta repetición se localizan, según Piaget, en las raíces del juicio racional, base del racionamiento intelectual.

La aplicación de nuevas experiencias e invención de nuevos medios constituye el racionamiento real. El niño trata de aprender la situación tal como es y comienza a observar sus componentes y puede asimilar la secuencia de una acción en cualquier punto, sin repetir su secuencia y se interesa más por el ambiente que lo rodea. La capacidad de imitación de otra persona aparece, según Piaget, hasta cerca del segundo año de la vida, y el juego se convierte en una función expresiva. En el juego el niño repite la acción y no pretende representar ningún concepto particular. El niño tampoco retiene un modelo como símbolo mental. El juego, que se centra alrededor de la repetición de la conducta aprendida, se constituye para él en una actividad satisfactoria, y aparece la invención de nuevos medios mediante combinaciones mentales; luego ocurre la reflexión acerca de las mismas; este estadio es la culminación de adquisiciones anteriores y da paso a una siguiente fase de desarrollo, la consolidación de estas pautas transforma su esquema de conducta. A través de la imitación el niño intenta copiar el acto mismo o el símbolo representativo del acto. La adquisición de símbolos afecta la actividad lúdica, ya que la repetición como base del juego puede desaparecer y ser reemplazada por el símbolo.

Es importante destacar que durante este estadio y la identificación es evidente con la aparición de la capacidad intelectual y con incentivo psico-afectivo de imitar, con la desaparición progresiva del egocentrismo característico de toda la fase sensoriomotriz.

La fase preconceptual es un período de transición entre la satisfacción de las necesidades sensoriomotrices y la conducta socializada. El niño investiga permanentemente su ambiente y su actividad dentro de sí mismo, descubre nuevos símbolos y los utiliza para comunicarse con los demás. Las características autísticas de las etapas anteriores desaparecen. El juego sirve para consolidar las adquisiciones previas y el lenguaje sirve como vehículo del desarrollo, mediante la conexión que el niño hace de las palabras con los objetos visibles y con las acciones, vocabulario que utiliza para manifestar todas sus experiencias.

El raciocinio y el *pensamiento* continúan siendo egocéntricos y los términos de comparación siguen siendo los mismos. El niño es incapaz de mezclar las partes del objeto, del espacio y de la causalidad.

El Juego ocupa la mayoría del tiempo del niño; a través de éste se consolidan sus adquisiciones anteriores y traduce y/o transforma la experiencia que tiene del mundo. Se abre camino a través de la vida mediante el juego, a tal punto que el juego simbólico y repetición de los hechos reales lo ponen en contacto con los objetos y con los problemas de la vida cotidiana. Para el niño, el lenguaje como juego es vehículo del desarrollo.

La ausencia o el impedimento del juego, del lenguaje o de la conducta imitativa hace que el niño permanezca en su mundo autista, y lo hace menos sensible al influjo del medio ambiente, ya que el juego, el lenguaje y la imitación lo conducen a la limitación del mundo exterior y a un gradual proceso de socialización.

Fase del pensamiento intuitivo

Comprende entre los 4 y 7 años de la vida. La parte más importante se caracteriza por la ampliación de los intereses sociales y su contacto con el mundo exterior; la participación con otras personas lo conduce a la socialización. Esta y la fase anterior abarcan el pensamiento preoperacional, que es una especie de puente que va desde la aceptación pasiva del ambiente hasta su toma activa. Esta fase se caracteriza por el uso del lenguaje como la interpretación del mundo del sujeto y el de otros individuos con el cual el niño acepta e imita la conducta de otros. Esta imitación representa los comienzos de la verdadera capacidad cognitiva y el niño la realiza intuitivamente.

El lenguaje se utiliza más apropiadamente, y aun cuando el niño es capaz de contar, crece de la concepción de número, la cual sólo aparece cuando los principios de conservación, de cantidad, de permanencia del objeto y de continuidad del tiempo le son asequibles.

Durante esta etapa el lenguaje sirve como una forma del pensamiento intuitivo que le permite reflexionar sobre un objeto y proyectarlo al futuro, pensar consigo mismo en una forma de pensamiento egocéntrico y aceptar las palabras como si fuesen pensamientos o hechos. El niño emplea un lenguaje sin comprender plenamente su significado.

En esta etapa el juego refleja el desarrollo intelectual alcanzado por el niño, o adquiere para él un carácter social, utilizando una imaginación simbólica más amplia. Los juegos que emplean en su mecánica la búsqueda de objetos, el escondite y los juegos de adivinanzas, son importantes en esta etapa y aparecen nuevos juegos de imaginación que indican su realización cognitiva.

En el juego y en la fantasía, el niño aplica las reglas y los valores de los adultos y adopta las actitudes sociales de éstos.

Fase de las operaciones concretas

Esta fase se caracteriza por la adquisición de la reversibilidad, o sea, la posibilidad al punto de partida de la operación mental; es decir, la capacidad de entender los hechos como un sistema total de partes interrelacionadas con una secuencia de principio y final. El niño alcanza un nuevo nivel de pensamiento, el pensamiento operacional, o sea, la capacidad mental para ordenar las experiencias como un todo organizado. Este pensamiento operacional puede ser concreto o formal, según si la experiencia del evento está basada en la percepción. El niño adquiere durante esta fase el conocimiento del todo por sus partes, lo que le permite elaborar sistemas de clasificación de acuerdo con las relaciones de las partes con el todo o las relaciones de éstas entre sí.

El niño conoce las partes de un todo, las estudia y las clasifica en sus relaciones; de esta forma comprenderá el todo y este procedimiento lo conducirá a métodos matemáticos de conceptualización.

El lenguaje persiste como un medio de comunicación y vehículo para los procesos del pensamiento.

El avance de la socialización da paso a la emancipación de las figuras paternas o a un cambio hacia los modelos de imitación, o el juego pierde sus características asimilativas y se convierte en un proceso balanceado y subordinado al desarrollo cognitivo.

La fase de las operaciones formales

Este período ocurre de los 11 a los 15 años y señala la terminación de la niñez y el comienzo de la juventud. La naturaleza del pensamiento sufre un cambio que Piaget identifica a diferencia del niño, el joven se convierte, así:

"... En un individuo que piensa más allá del presente o elabora teorías acerca de todo, complaciéndose especialmente acerca de lo que no es ".

El niño adquiere la capacidad de pensar y razonar fuera de los límites de su propio mundo real y de sus propias creencias; ingresa al mundo de las cosas y se apoya en el simbolismo puro, la conducta cognoscitiva casual es reemplazada por el enfoque sistemático de los problemas.

CAPITULO 3

LA SALUD DEL BEBE
Y SUS CUIDADOS

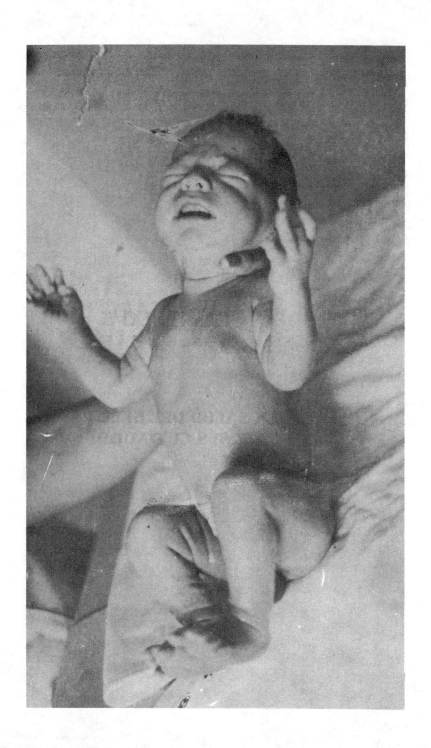

El embarazo

Una aspiración humana es perpetuarse sobre la Tierra, permanecer presentes en la vida. Los hijos constituyen la prolongación de los padres, por eso la decisión de tener un niño es una responsabilidad que debe compartir conjuntamente la pareja. Este es un compromiso de que se debe ser consciente y se debe tener siempre la actitud de ofrecerle al niño todo lo mejor.

El embarazo es el período durante el cual se forma un nuevo ser; comienza desde la concepción, que es el resultado de la unión de un espermatozoide con un óvulo mediante el acto sexual, luego para por la embriogénesis natural humana hasta cuando se produce el nacimiento del niño y se expulsa la placenta fuera del aparato genital femenino.

La duración normal del embarazo es de doscientos sesenta y seis (266) días que se cuentan diez días después de la última menstruación o más o menos cuarenta (40) semanas o nueve meses (9). La fecha probable del parto se puede calcular sumando nueve (9) meses y diez (10) días a la fecha en que se produjo el primer día de la última menstruación. Su evolución se divide en dos períodos importantes por su repercusión en la viabilidad del feto:

1. *Período embrionario* que llega hasta las 14 semanas del embarazo, durante todo este tiempo el niño por nacer crece en la matriz de la futura madre.

2. *Período de madurez,* cuando está apto para el nacimiento. Algunas veces este proceso no se completa debido a problemas, la mayoría de las veces prevenibles.

La primera sospecha de embarazo es la desaparición de la menstruación, los mareos, náuseas y vómitos; los senos y los pezones se vuelven sensibles, más oscuros y empiezan a crecer. Usualmente, durante el embarazo la madre presenta aumento del peso corporal, que varía entre 9 y 12 kg; este peso se hace más notorio entre los 3 y 4 meses, debido a la formación y el crecimiento del feto.

El organismo de la mujer cambia con el embarazo, especialmente a partir de los 3 a 4 meses, cuando el crecimiento abdominal se hace más aparente. En el mes 5 la matriz alcanza el nivel del ombligo, y al final del embarazo ocupa todo el abdomen. La formación de la placenta, el líquido amniótico, las reservas de grasa en la madre para la lactancia, el aumento de los tejidos y los órganos maternos y el aumento del contenido de agua en el organismo son otros elementos que la embarazada adquiere para el aumento de peso, que puede variar; en algunas mujeres se presenta una ganancia excesiva, lo cual puede complicar el parto y poner en peligro la vida del nuevo ser y de la madre; en otras, la ganancia es muy baja, el poco aumento de peso en la embarazada puede ser tan peligroso para la salud de la madre y el hijo como también el exceso del mismo.

Algunas mujeres presentan mareos o vómitos durante el embarazo, que disminuyen si se fraccionan las comidas en tomas más permanentes, pero si la continuidad es exagerada se debe consultar al médico porque puede ser peligroso.

Los movimientos del niño los siente la madre alrededor del mes 5; si estos movimientos dejan de sentirse es imperativo consultar al médico.

Al llegar al término del embarazo, el niño por nacer debe pesar alrededor de tres mil (3.000) gramos y medir entre cuarenta y ocho (48) y cincuenta y dos (52) centímetros aproximadamente. Naturalmente, tanto el peso como la talla del neonato dependen del peso y de la talla de los padres, y especialmente del cuidado durante el embarazo; cuando el peso al nacer es inferior a dos mil quinientos (2.500) gramos, se considera que el niño es prematuro.

Es importante saber que las visitas al médico previenen muchos daños tanto a la madre como al niño; además, que la mujer embarazada tenga presente algunas normas para cuidar de su hijo antes de nacer:

1. No debe tomar drogas o productos farmacéuticos que no hayan sido prescritos por el médico; éstos pueden producir malforma-

ciones y daños en el niño, especialmente si se consumen en los primeros 3 meses del embarazo (tetraciclina, antidepresivos).

2. Debe abstenerse de fumar o disminuir la cantidad de tabaco. Se ha visto que los niños de madres-fumadoras tienen bajo peso o nacen prematuramente

3. El aseo personal es de vital importancia, y está indicado un baño diario.

4. No debe consumir alcohol en exceso.

5. Debe evitar el contacto con gatos y comer carnes crudas, porque éstos transmiten toxoplasmosis, enfermedad que afecta tanto a la madre como al niño.

6. Si necesita visitar con frecuencia al odontólogo, debe abstenerse de hacerse tomar radiografías y comunicar siempre al radiólogo su estado de embarazo.

7. Las relaciones sexuales durante el embarazo están permitidas y ayudan a la comprensión de la pareja, pero se debe tener mucho cuidado, debido al peligro de contraer alguna infección o a que ocurra un aborto.

8. Debe visitar al médico con la frecuencia que éste le determine en la primera consulta, mínimo en cuatro (4) oportunidades durante el embarazo y siempre que aparezcan signos peligrosos como:
   - Sangrado vaginal en poca o abundante cantidad
   - Náuseas o vómitos exagerados y frecuentes
   - Dolor de cabeza continuo o intenso, especialmente si se ha sufrido tensión arterial alta
   - Hinchazón de la cara, manos o pies
   - Disminución de la orina, ardor, dolor a la micción
   - Aumento repentino y exagerado de peso
   - Si en los tres (3) primeros meses del embarazo ha estado expuesta a enfermedades eruptivas, como sarampión, rubéola y otras
   - Fiebre
   - Dolor abdominal continuo o intenso
   - Ausencia de movimientos del niño después del mes 5
   - Visión borrosa o manchas en la visión
   - Salida de líquido por la vagina antes del parto

El médico debe conocer con anticipación el grupo sanguíneo y el factor Rh de la madre y el niño; así evitará complicaciones por incompatibilidad. También debe conocer la serología de la madre porque el niño puede sufrir sífilis antes de nacer.

El parto

El parto es el nacimiento fuera del útero materno del niño, con la placenta y las membranas que forma la bolsa de las aguas. Después de los 6 meses de embarazo se considera que el niño puede sobrevivir fuera del vientre materno, a pesar de sus condiciones de bajo desarrollo.

El parto se divide en tres períodos:

1. Período de dilatación
2. Período expulsivo
3. Período de alumbramiento

Período de dilatación. Comprende la iniciación de las contracciones o dolores hasta la dilatación completa del cuello de la matriz, cuando el orificio del cuello uterino ha alcanzado un diámetro de 10 a 11 cm, y es capaz de permitir el paso de la cabeza fetal. Su duración aproximada es de 12 horas en las mujeres que tienen el primer parto (primíparas) y de 6 a 8 horas en las madres que ya han tenido otro parto (multíparas).

Período expulsivo. Comprende desde la dilatación completa del cuello de la matriz hasta el nacimiento del niño; la cabeza fetal comienza su paso a través del cuello completamente dilatado para seguir descendiendo a lo largo del conducto vaginal y termina cuando todo el cuerpo fetal ha salido a través de la vulva. Este período dura alrededor de 1 hora en las primíparas y de 21 a 30 minutos en las multíparas.

Período de alumbramiento. Comprende desde el nacimiento hasta el alumbramiento o expulsión de la placenta.

Después del nacimiento del niño, el útero entra en un corto período de reposo, después del cual vuelve a presentar contracciones que determinan el desprendimiento de la placenta y luego la expulsión de ésta a través de la vulva.

Durante el parto ocurren fenómenos que la madre debe conocer; puede sentir contracciones que se manifiestan por dolores ligeros o irregulares durante varios días antes de comenzar el verdadero trabajo de parto. Entre 1 y 2 semanas, antes de que comience el trabajo del parto, la primípara siente que el feto *se baja'* y se mete en el arco de la pelvis. En las multíparas puede que esto suceda muy cerca al trabajo del parto o no se identifique.

Al comienzo del trabajo de parto, la madre puede sentir dolor en la parte baja de la espalda o del abdomen, o en ambos. Al principio, las contracciones se presentan con intervalos aproximadamente de una hora y con una duración de pocos segundos. La frecuencia aumentará hasta intervalos de 15 a 20 minutos y duran cerca de 30 segundos. Si éstos son muy intensivos o desaparecen después de expulsar líquido es un signo peligroso.

Aparece un moco espeso y sanguinolento a veces acompañado de un flujo rojizo con escasa cantidad de sangre, que indica que se ha expulsado el tapón mucoso que se encontraba ocluyendo el conducto del cuello para impedir el paso de las bacterias vaginales hacia la cavidad uterina. El tapón puede ser detenido en los pliegues de las paredes vaginales, y sólo aparecer en el exterior en períodos avanzados del parto.

Durante el segundo período, cuando la cabeza del feto desciende en la pelvis materna, comprime estructuras nerviosas, que producen la sensación de pujo, que es un acto reflejo, pero que la madre puede colaborar siguiendo las instrucciones del médico, aligerando de esta manera el tiempo del parto.

El cuello de la matriz empieza a borrarse y la abertura cervical a dilatarse. La madre siente un chorro de agua o un goteo cuando se rompen las membranas; a ésto se la ha llamado *romper la fuente o fuentes.*

El feto está dentro de la bolsa formada por las membranas y llena de líquido amniótico, que amortigua los posibles traumatismos y las presiones que afectan el cuerpo fetal. Cuando se inicia la dilatación del cuello; la parte inferior de esta bolsa está por debajo de la cabeza fetal y se puede romper por presión en cualquier momento del parto, dejando escapar el líquido amniótico.

Durante el período expulsivo la fuerza de las contracciones hace que el niño salga de la matriz siguiendo movimientos a través de la pelvis, característicos y bien conocidos por los obstetras.

En algunas oportunidades no es posible que se realice el parto tal como se ha descrito, y se amerita que el médico realice el procedimiento quirúrgico llamado *césarea* con el fin de evitarles sufrimiento y complicaciones al niño y a la madre.

El puerperio

Lapso comprendido entre la terminación de los tres períodos del parto y el retorno del aparato genital a su estado primitivo es el puerperio; su duración es de 6 a 8 semanas, al cabo de las cuales la mujer reanuda los ciclos ovárico y uterino.

El útero es el órgano que más necesita recuperarse, porque es el que ha sufrido transformaciones considerables. Después del parto, el útero fuertemente contraído para impedir que los vasos sanguíneos pierdan más sangre, adquiere el aspecto de una masa dura. En los primeros dos días su volumen no se reduce; después disminuye rápidamente y luego de unos 10 días, ya no podrá ser advertido desde el exterior por palpación.

Durante los primeros días, la madre registrará pérdida sanguínea, debida a la herida dejada por la placenta. Frecuentemente en el transcurso de la primera semana, se advierten dolores en el abdomen y en la región lumbar: se deben a pequeños coágulos sanguíneos llamados loquios, que provocan contracciones dolorosas conocidas popularmente como entuertos.

Está demostrado que las madres que lactan a sus hijos presentan un período de puerperio más corto y en un buen número de ellas la lactancia ocasiona demora en la reaparición de la ovulación y, por tanto, incapacidad temporal de embarazarse nuevamente, aunque éste no es un buen método de planificación familiar.

Durante el período del puerperio es importante tener en cuenta algunos síntomas que pueden poner en peligro a la madre; ésta debe vigilar que no existan:

- Fiebre
- Dolor abdominal, vaginal, del perineo o glándula mamaria
- Pérdida de sangre excesiva o prolongada
- Enrojecimiento y calor en los senos
- Dolor y ardor a la micción y cambios en la orina
- Diarrea y/o estreñimiento

Si se presentan estos síntomas, se debe consultar al médico inmediatamente.

La alimentación

Usualmente, durante el embarazo el apetito de la madre aumenta, a causa de los cambios hormonales y porque el feto sustrae de la sangre materna elementos nutritivos.

Debe considerarse obsoleta la creencia de que la mujer embarazada debe alimentarse en exceso porque tiene que comer por dos, esto es erróneo. En términos generales, la alimentación debe ser rica en proteínas, debido al aumento en el gasto de esta sustancia en la formación y en el crecimiento del nuevo ser. Las proteínas son utilizadas por el organismo para formar los tejidos corporales.

Se deben preferir las proteínas de origen animal, presentes en la carne, la leche, los huevos. Si por falta de recursos económicos no se pueden adquirir estos alimentos se pueden reemplazar por leguminosas, especialmente como frijol y lenteja, teniendo en cuenta de mejorar su calidad agregando en lo posible una pequeña cantidad de alimentos de origen animal ricos en proteínas.

La madre debe consumir alimentos ricos en minerales, tales como calcio, fósforo, hierro, pues su estado los requiere para la formación de huesos, dientes, sangre y músculos del niño, así como para sus propias necesidades.

Diariamente, la madre debe consumir hortalizas y frutas que le proporcionen vitaminas (A, C y complejo B), necesarias para lograr una adecuada utilización del calcio y el fósforo en la formación de huesos y dientes, e intervienen en el crecimiento y funcionamiento de los órganos y tejidos del futuro bebé. Estas vitaminas se encuentran en frutas tales como naranja, guayaba, papaya, piña, mandarina, acelga, espinaca, tallos o coles.

Las preparaciones culinarias deben ser sencillas, y en ellas se debe evitar el uso exagerado de condimentos y bebidas alcohólicas.

Como de la alimentación de la madre se nutre el futuro hijo, es esencial tanto para la salud de ésta como para el niño que la dieta diaria sea completa y balanceada.

Aun cuando se obtenga la clase de comida adecuada, la cantidad total del alimento no debe ser tal que dé por resultado un excesivo aumento del peso. Sobre este aspecto se debe consultar al médico.

La lactancia materna

La lactancia es un proceso natural, que ocurre después del nacimiento del niño y durante el tiempo en el cual el niño se alimenta de la lecha producida por su madre. Bajo el efecto de las hormonas propias del embarazo, después del parto y en ausencia de la actividad placentaria, las glándulas mamarias se han preparado para comenzar la función de secreción de leche. El estímulo que hace que aparezca la leche es la succión del niño.

Mientras todos los demás órganos del aparato genital femenino experimentan un proceso de reducción y de regreso a una funcionalidad normal, en los senos de la mujer se verifica todo lo contrario. Durante los primeros 4 días después del parto, las mamas no se alteran demasiado y producen el "calostro", líquido amarillento escaso, idéntico al que se formara durante el embarazo, suficiente para alimentar al niño que además ejerce una acción laxante.

Hacia los cuatro días, el pecho se hace repentinamente cálido y turgente y a veces doloroso; su temperatura se eleva un poco, las glándulas se llenan de leche blanca o blanco azulosa.

La producción de la leche se va regularizando hasta estabilizarse después de 8 a 15 días. Con una buena técnica se presenta abundante producción, pero es difícil conocer la cantidad antes de 15 días.

La leche materna es el primer alimento que el niño debe recibir después de su nacimiento, porque es el único que se adapta exactamente a sus necesidades nutricionales.

Los niños alimentados con lecha materna, son más sanos, se desarrollan mejor y tienen menor riesgo de enfermarse.

La leche materna es siempre buena, permanece a la temperatura adecuada y el cuerpo de la madre es tibio y suave.

Las grandes excitaciones influyen sobre la producción de la leche, y el stress excesivo puede reducirla durante las noches. La madre necesita reposo y buen ambiente.

La lecha materna es el mejor alimento para el niño, su importancia radica en los siguientes aspectos:

- *Es específica para el niño:* Cada mamífero tiene la leche ideal para su cría.

- *Contiene nutrientes necesarios:* Estos son las sustancias nutritivas que el niño requiere para el crecimiento y el desarrollo en los primeros meses de la vida.

- *No requiere manipulación especial:* Por esto se disminuye el riesgo de infecciones por contaminación.

Se digiere mejor: A los niños alimentados con leche materna pocas veces se les endurece el estómago y no sufren alteraciones intestinales.

- *Es económica:* No ocasiona gastos económicos adicionales.

- *Da mayor seguridad al niño:* El lactante está en íntimo contacto con su madre; ella le habla, lo acaricia, son momentos privilegiados, y todos los estímulos cumplen una función importante en el desarrollo infantil. El aspecto psíquico es importante para el desarrollo del niño y la lactancia se lo ofrece.

Para que la madre sea capaz de suministrar una adecuada alimentación dándole el seno a su hijo, debe prepararse desde su embarazo. Por esto es importante:

- Que la madre conozca todas las ventajas de la alimentación materna.

- Indicarle a la madre que un gran deseo por alimentar el niño, favorece una buena producción de leche.

Es necesario tener algunos cuidados y seguir algunas instrucciones para lograr lactar bien al niño. Durante el embarazo, la madre debe realizar estímulos en el pezón, frotándolo y alargándolo, para que éste se ponga eréctil y elástico para que al mamar el niño no se incomode, ni le cause molestia a la madre amamantar a su hijo.

Los masajes de la glándula mamaria deben realizarse desde la base hacia el vértice, para facilitar la salida del calostro.

Se recuerda que la producción de leche no ocurre inmediatamente después del parto, sino de manera progresiva.

Técnicas para la lactancia materna

Para brindarle al niño una adecuada lactancia, hay que tener en cuenta algunas indicaciones técnicas que se deben seguir, para permitir una mejor acomodación entre la madre y el niño:

- Colocar el niño al seno lo más pronto posible después de nacer, y desde el comienzo de la lactancia enseñarlo a que con su boca abarque no sólo el pezón sino también la aréola (círculo oscuro que rodea el pezón).

- Al comenzar a amamantar, la madre debe sujetarse el seno con una mano, presionando detrás del pezón con los dedos índice y mediano de la mano contraria al seno que está alimentando, así logrará que el niño coja fácilmente el pezón; además, esto mantiene el seno separado de la nariz del bebé, para que éste pueda respirar fácilmente; igualmente, la nariz debe estar bien limpia para facilitarle al bebé su posición.

- Antes de cada mamada, está indicado que la madre debe lavar muy bien su manos; lavar el seno con agua tibia hervida y sin jabón, para evitar que los microbios causen infecciones en el seno o en el niño. Al darle seno al niño, la madre debe estar en posición cómoda y tranquila.

- Para lograr que el niño agarre el seno, debe colocar la mejilla de éste en tal forma que haga contacto con el pezón, para utilizar el reflejo de búsqueda, pero procurando no tocarle la otra mejilla al bebé.

- Dejar al niño en cada glándula mamaria por más de 10 minutos, hasta lograr que éstas queden flojas. Si quedan tensas debe darles masaje y extraerles la leche, para evitar la *tensión láctea*. Para esto, debe iniciar con la mama de un lado hasta vaciarla totalmente y luego continuar con la otra. La maniobra siguiente debe iniciarla por la última mama, y así sucesivamente. Esto asegura el movimiento total de cada una de las mamas.

- En la comida siguiente debe ofrecerle primero al bebé el seno que dio de último.

- Al terminar de alimentarse el niño, se debe colocar a éste en posición vertical sobre el hombro, para sacarle los gases, y una vez expulsados éstos, debe acostarlo en la cuna, de medio lado, nunca boca arriba.

- El horario de las comidas no debe ser rígido; se recomienda poner al seno cada vez que el niño manifieste deseo de alimento, aunque el tiempo entre comida y comida es de unas 3 horas.

Contraindicaciones para la lactancia

La lactancia está contraindicada cuando hay:

- Enfermedades del seno: infecciones graves, tumores
- Enfermedades generales: cuando el médico lo indique
- Dificultad del niño para la succión: labio leporino, paladar hendido.

Tensión láctea: Es el endurecimiento de las glándulas mamarias con sensación dolorosa y presencia de zonas enrojecidas, debido a la acumulación de leche por defecto de vaciamiento.

El mejor tratamiento para la tensión láctea es la prevención; si ésta se presenta se debe:

- Aplicar calor húmedo local con cortos intervalos (compresas de agua tibia).
- Colocar al niño con mayor frecuencia para que succione y extraiga la lecha que sobre.
- Extraer la leche manualmente, colocando el seno en un recipiente con agua tibia y haciéndole masajes desde el base hasta el vértice, sin utilizar mamadores.

Es importante recordar que la calidad de la leche materna no se modifica sustancialmente por el tipo de alimentación de la madre, por el estado nutricional de la misma, por el tiempo de lactancia o por el número de hijos que ésta haya tenido.

La madre debe saber que el aspecto de las deposiciones del niño varía con la edad y según la alimentación que esté recibiendo; así: las primeras deposiciones son de un verde muy oscuro o negruzco (meconio); después del segundo día comienzan a cambiar de color hacia el verde, presentándose blandas y frecuentes (6 veces al día).

De los 5 a 6 días, las deposiciones continúan blandas y frecuentes, son de color amarillo oro con grumos.

En los primeros días de la vida, el niño puede devolver parte del alimento que ha tomado (regurgitación); esta devolución es usualmente escasa y se presenta espontáneamente.

Por lo general, toda madre puede lactar a su hijo. Por tanto, se debe procurar que la lactancia materna sea total, por lo menos durante los primeros 4 meses, aunque lo ideal son 24 meses o en forma prolongada, si la madre es de escasos recursos económicos

Alimentación de la madre lactante

Durante el período de lactancia, las necesidades nutricionales están aumentadas debido a la producción de leche. La alimentación debe ser rica en proteínas, si se considera que en la producción de un gramo de proteína de leche materna se invierte el doble de la contenida en los alimentos (carne, leche, huevo, leguminosas y mezclas vegetales).

Si bien la madre lactante ya formó un ser, necesita seguir con una alimentación equilibrada que contenga todos los nutrientes para poder conservar su salud y para ofrecerle al niño una buena cantidad de leche.

Se aconseja que la madre consuma vísceras o menudencias como hígado, corazón, riñones, porque además de ayudar a la formación de la leche estos alimentos contienen hierro que ayuda a evitar la anemia ferropénica.

Igualmente, debe recibir en su alimentación vegetales verdes y amarillos (ahuyama, zanahoria, acelga, espinacas) y frutas (guayaba, papaya, naranja), o las de la cosecha que son más baratas.

Debe comer un poco más de los alimentos que proporcionen energía, tales como papa, yuca, arroz, maíz y otros, ya que durante la lactancia ella tiene un mayor desgaste (producción de leche y las actividades con el recién nacido). Si se observa en la madre un aumento exagerado de peso, puede disminuir el consumo de estos alimentos.

Durante la lactancia conviene recordar:

- La leche materna se forma de las sustancias que recibe la madre a través de los alimentos; por tanto, debe tener una alimentación adecuada para reponer las sustancias que pierde diariamente.
- Los alimentos se deben distribuir en las comidas principales, y éstas no deben ser tan excesivas que ocasionen un aumento exagerado de peso.
- Una alimentación adecuada podrá mantener la buena salud a la madre y asegurarle a su hijo una vida sana.
- La leche materna es la mejor y la más conveniente para alimentar al niño.

Cuidados del recién nacido y del lactante

Se considera niño prematuro el que ha tenido una gestación inferior a 37 semanas y nace con un peso inferior a los 2.500 gramos o con una talla inferior a los 47 cm; igualmente, se considera niño a término el que ha tenido una gestación de 37 a 42 semanas, y su peso al nacer es de 2.500 gramos o más y una talla de 47 cm o más.

También existe un grupo de recién nacidos, los cuales, si bien han tenido una gestación de 37 a 42 semanas, nacen con un peso o una talla inferior a los 2.500 gramos o a los 47 cm, y se consideran niños con retardo de crecimiento intrauterino, debido a la influencia de factores infecciosos y/o nutricionales durante la gestación, los cuales han sido capaces de influir sobre su crecimiento *in útero.*

Cuidados

Al nacer un niño prematuro requiere los mismos cuidados generales que un niño al término; esto es limpieza de las vías respiratorias, iniciación de la respiración y atención y/o manejo del cordón umbilical y los ojos. Además, requiere cuidados especiales porque:

1. No sabe regular bien la temperatura
2. Requiere mayor suministro de oxígeno
3. Se precisan detalles sobre alimentación.

El médico será quien decidirá si el niño necesita cuidados especiales. De todas maneras, se debe tener especial atención en mantener al niño en un ambiente cálido.

Alimentación del niño prematuro

Al nacimiento, los niños prematuros no tienen reflejo de succión adecuados; por esto, si se ponen al seno se fatigan y es muy probable que no tenga éxito la alimentación materna, pero se debe insistir o realizar una extracción manual de la leche y suministrársela con biberón, previa y adecuadamente esterilizado. Según la evolución del niño, será el médico quien indique la introducción de nuevos alimentos en la dieta del infante.

Es muy importante vigilar la comida del niño y los pocos objetos relacionados con ella, lo mismo que los de las personas que tienen contacto con él, ya que la prematuridad tiende a aumentar el riesgo de contraer las enfermedades graves.

Manifestaciones clínicas de enfermedad en el niño

El recién nacido que presente alguno de estos signos o síntomas debe ser remitido rápidamente al médico, porque cualquier sintomatología puede indicar un trastorno grave en el niño.

Cianosis. Al niño se le ponen azules los labios y las uñas. Esto indica generalmente problema respiratorio o cardíacos.

Convulsiones. Comúnmente indica enfermedad del sistema nervioso o sufrimiento fetal antes o en el parto.

Letargia. Se puede observar en niños que presentan problemas respiratorios, enfermedades del sistema nervioso, afecciones graves. El niño permanece adormecido y no responde a los estímulos.

Irritabilidad. Puede ser un signo de malestar asociado a problemas digestivos, a enfermedades del sistema nervioso o a alguna enfermedad que cause dolor.

Hiperactividad del recién nacido. Especialmente si es prematuro, puede ser un signo de falta de oxígeno en el parto, disminución de azúcar (glucosa) en la sangre, baja de calcio o daño del sistema nervioso central.

Perturbación en la ingesta de alimentos. Se observa en la mayoría de los recién nacidos enfermos, pero en estos casos siempre se requiere que el pediatra realice un cuidadoso examen en busca de posibles anormalidades.

Fiebre. A veces se presenta por exceso de abrigo, o por una temperatura ambiente demasiado elevada, debida al clima o a una calefacción excesiva. Si se descartan las causas anteriores, posiblemente es síntoma de una infección grave.

Períodos de apnea. Ocurren cuando el niño deja algunos segundos de respirar, Y sugieren problemas del sistema respiratorio o del sistema nervioso.

Ictericia durante las primeras 24 horas de la vida del niño. Si se pone amarillo se debe considerar como síntoma de incompatibilidad de la sangre de la madre y el niño o de un problema infeccioso severo.

Ictericia a partir del segundo día. Se considera normal siempre y cuando no sea muy intensa, pero se debe consultar al médico.

Vómito en el primer día de la vida. Sugiere la presencia de una obstrucción intestinal. Se pueden presentar vómitos por excesiva ingestión de alimentos o por mala técnica alimentaria.

Diarrea. Se puede presentar por infecciones o por parásitos.

Falta de movimiento de un miembro. Se presenta cuando hay una fractura, luxación o daño nervioso.

Enfermedades contagiosas en el lactante. Durante los primeros 6 meses, el lactante es portador de una cantidad suficiente de anticuerpos maternos, por lo cual el niño está protegido contra enfermedades infectocontagiosas, como poliomielitis, sarampión, viruela y parotiditis, siempre que la madre haya sido vacunada, o haya sufrido la enfermedad. En el caso de la tosferina o coqueluche y la tuberculosis, el niño no está protegido, y puede ser susceptible de contraer la enfermedad desde su nacimiento.

Crecimiento y desarrollo

Un niño sano tiene un crecimiento, es decir, aumenta el número de células que forman su cuerpo; este aspecto se aprecia por el incremento en la talla, aproximadamente 25 cm. durante el primer año, y el peso que lo triplica. De igual manera, el proceso del desarrollo se efectúa en forma muy rápida; este fenómeno es indispensable para que cada órgano, aparato y/o sistema pueda realizar normalmente sus respectivas funciones.

Alimentación del recién nacido

Si el niño es sano será llevado junto al lecho de la madre en corto tiempo, y, a partir de las 3 horas de edad se le podrá empezar a poner a mamar leche materna, acto que estimula la secreción láctea. Normalmente, empieza a producirse un líquido amarillo transparente, conocido con el nombre de calostro y la verdadera secreción de leche empieza a hacerse evidente aproximadamente a partir de los 3 ó 4 días. La madre no debe desanimarse si la secreción de leche no es abundante durante estos días; la succión periódica será el más importante estímulo para que ésta aumente progresivamente hasta el final de la primera semana en la que alcanzará un volumen adecuado.

Mientras la leche no sea suficiente, ofrezca al bebé agua hervida azucarada después de amamantarlo. No es aconsejable darle otras leches mientras la del seno materno sea suficiente.

Se ha comprobado que la lactancia no deforma los senos como creen algunas madres. Aun las mujeres que no reciben una excelente alimentación, pueden amamantar con éxito a sus hijos. En presencia de una nutrición deficiente de la madre se observa la disminución del volumen de leche secretada, pero ésta siempre conserva íntegro su valor nutritivo.

El llanto es una de las manifestaciones de hambre, en el niño, pero no se debe olvidar que el frío, estar mojado, en una posición incómoda, con una prenda que le molesta y el dolor físico, son también causas de llanto; por tanto, no todas las veces se calmará ofreciéndole comida.

En cada comida el niño debe recibir 10 minutos de cada seno, ofreciéndole primero el que fue succionado de último en la comida anterior. Más de 20 minutos de succión sólo sirve para que el niño se llene de gases.

Las madres que trabajan o estudian pueden extraerse manualmente la leche, con un succionador que se obtiene en cualquier farmacia, luego se empaca la leche en los biberones, los cuales deben permanecer en la nevera o en un sitio fresco para ofrecérselos al niño, cuando ella no esté presente.

Si el bebé es alimentado con leche materna (tabla 3-2), no es necesario introducir alimentos diferentes (jugos o compotas) antes de los 4 primeros meses de vida; y cuando se haga esto, es preferible ofrecerle estos alimentos con taza y cuchara, jamás con biberón.

Si por razones valederas o imposibilidad física, el niño no puede ser alimentado por su madre, se aconseja utilizar leches maternizadas en polvo, cuyos nutrientes son bastante parecidos a la lecha materna; estas leches se prepararán una medida por cada onza de agua hervida, empezando con 2 onzas y aumentando progresivamente, según la demanda del niño.

Si se utiliza leche de vaca fresca, ésta se debe hervir durante 5 minutos a fuego lento, agitándola mientras está en ebullición.

Las leches pasteurizadas también se deben hervir, porque durante su transporte y permanencia en los expendios no se mantienen refrigeradas, y pierden los beneficios de la pasteurización.

Tabla 3-2. *Esquema de alimentación para niños no alimentados con leche materna*

Período	Alimentación	Cantidad
Al destete	Jugos de cítricos (naranja, mandarina, limón, guayaba) Ofrecen vitamina C (ácido ascórbico) Jugos de zanahoria	1er. semestre: de 2 a 3 onzas 2° semestre: de 3 a 4 onzas
	Leche maternizada	
Desde los 2 meses	Compotas de hígado y carne de res, cerdo, pollo, pescado, leche maternizada, yema de huevo Ofrecen hierro, tiamina, rivoflamina (proteína 20%)	1er. trimestre: 1 onza aproximadamente 2° trimestre: 2 onzas aproximadamente
De los 2 a 5 meses	Puré de leguminosas (fríjol, lentejas, soya, arvejas, garbanzos). Puré de tubérculos (papa, yuca). Ofrecen carbohi-dratos (25 a 50%)	1er. semestre: 1 onza aproximadamente 2° trimestre en adelante: 2 onzas aproximadamente
De los 5 meses	Puré de verduras	Aproximadamente 1 onza
Desde los 6 meses	Todos los alimentos diluidos	
Al año	Todos los alimentos de la casa tomados en la mesa	A la demanda

El mundo de los microbios y las infecciones

Hay cosas que no vemos porque su tamaño es muy pequeño para captarlas con la vista; el mundo está lleno de seres microscópicos; es decir, que se necesita de un aparato especial llamado microscopio para que nos aumente el tamaño de éstos, para poder conocer esa cantidad de seres desconocidos para nosotros. El microscopio nos descubre un mundo diferente que jamás habíamos imaginado.

Los microbios son unos de los habitantes de este pequeño mundo, se encuentran en todas partes y son muy numerosos; en una cuchara sucia pueden vivir millones y millones de estos pequeños seres. Algunos de ellos son los causantes de muchas enfermedades infecciosas que ponen en peligro la vida de los niños.

Las infecciones infantiles están relacionadas con un enemigo; la desnutrición; las infecciones empeoran la salud de los niños y si por desgracia ataca a un niño que se encuentre desnutrido, las infecciones se vuelven muy graves y de muy difícil curación. Los microbios persiguen a los niños para causarles enfermedades sobre todo a los que están desnutridos; por tanto, a los niños hay que protegerlos contra las infecciones causadas por los microbios, especialmente a los más pequeños.

Algunos microbios viven en los alimentos sucios y se requiere lavarlos para eliminarlos. También se encuentran en las cosas sucias y en las manos sucias de la madre y del niño. El agua y el jabón eliminan estos microbios; por eso es tan importante lavar bien a los niños todos los días y cuidar de la preparación e higiene de sus alimentos.

La mejor forma de proteger a los niños pequeños es alimentándolos con la lecha materna. Esta posee elementos que matan a los microbios y de esta forma impiden que ingresen al niño las infecciones, y evitan que progresen los que ya están; además, es el alimento más completo que puede recibir al niño. Así la lecha materna protege al niño doblemente; contra las infecciones y contra la desnutrición, pues le proporciona no sólo sustancias contra los microbios sino también buena alimentación. Por tanto, los niños a quienes sus madres, por alguna circunstancia, no les han podido dar alimentación de pecho, están en más peligro de contraer enfermedades y de desnutrirse.

Cuide bien al niño, aliméntelo con leche materna, tenga buena higiene en la preparación de los alimentos, báñelo diariamente, no lo deje comer tierra ni llevarse objetos sucios a la boca. Llévelo a donde el médico frecuentemente y no olvide vacunarlo cuando cumpla la edad correspondiente. Si hace esto, su hijo será un niño feliz, crecerá sano y fuerte y no tendrá que temer a los microbios ni a las infecciones.

Enfermedades que ponen en peligro la vida del niño

Generalmente las enfermedades ponen en peligro a los niños, pero especialmente hay dos de ellas que atacan a los más pequeños; éstas son muy peligrosas y son las causantes de muchos días en los cuales el niño se siente mal, pierde el apetito, no come y llega finalmente a desnutrirse; son la diarrea y las enfermedades respiratorias.

Muchas madres no conocen los peligros que para la vida del niño ocasionan estas enfermedades; cuando el niño las adquiere y se enferma, como no conocen el peligro, no lo llevan rápido a donde el médico y sólo les dan remedios caseros que no lo mejoran y que, antes por el contrario, empeoran su estado.

Recuerde que no se puede perder tiempo con remedios caseros si un niño está enfermo; hay que llevarlo rápidamente a donde el médico; él indicará qué hacer y así ayudado de cuidados maternos, seguramente se curará pronto.

La diarrea la causan los microbios que generalmente entran al organismo por la boca, debido a la mala higiene de los alimentos o porque el niño come tierra o se lleva objetos sucios a la boca. Por eso, para prevenir la diarrea hay que tener mucha higiene con los alimentos y cuidados con el niño. Igualmente, la alimentación de pecho es una de las mejores formas de prevenir la diarrea. Los niños alimentados con teteros sufren más frecuentemente diarreas que los alimentados con leche materna.

Las enfermedades respiratorias más graves atacan especialmente a los niños pequeños y desnutridos menores de 2 años; muchos mueren por estas infecciones. La bronquitis y la bronconeumonía son la causa de muerte de 1 de cada 4 niños que fallecen en Colombia antes de cumplir los 2 años de edad.

Por todo esto, es muy importante llevar al niño rápidamente a donde el médico si se presenta alguna de estas enfermedades.

Recuerde que el médico es el mejor consejero de la familia, él les indicará cómo mejorar y proteger bien al niño.

Prevención de accidentes en los niños

Cuando el niño comienza a explorar su medio ambiente, a lanzarse a la conquista de nuevos mundos y a ampliar su esquema cognitivo, también se expone a sufrir sucesos negativos por la inexperiencia; estos accidentes ponen en peligro su vida o su integridad física, conocer su mundo es una aventura que lo expone a numerosos peligros.

Muchos objetos de los adultos son juguetes para el niño, que busca identificar su funcionamiento y comprobar cómo reaccionan, como los cuchillos, las tijeras, los cigarrillos, los objetos de cristal y las sustancias tóxicas (usualmente fármacos) que el niño no identifica como peligrosos o posibles de romper, especialmente cuando una de sus características es llevárselos a la boca, para conocerlos mejor. Así, puede chuparse las agujas, los enchufes, las plantas, pequeñas bolas, los medicamentos y los tóxicos.

Por su edad, el niño no podrá diferenciar entre un gato de plástico con champú y un juguete, o entre un grupo de fármacos de diferentes colores y plastilina. Estos objetos dejados a su alcance se pueden constituir en trampas mortales para los niños, y por eso es importante evitar que este afán de descubrir, propio de él, se convierta en un riesgo para su integridad física, por tanto, se debe revisar la forma como está amueblado el lugar donde se vive con el niño y determinar los objetos peligrosos que estén a su alcance; especialmente a la edad en la que los niños se desplazan solos. El número de accidentes sufridos por ellos en sus hogares es cada día más alto y grave. En los países pobres, las quemaduras, las mordeduras por roedores y serpientes y los ahogamientos por descuido son muy frecuentes. En Francia hasta 1980 se atendían anualmente 300.000 niños en estado grave por lesiones sufridas en la casa.

Los lugares críticos que se han identificado en el hogar son: la cocina, los cuartos del baño y los lugares en donde se guardan objetos, utensilios, medicamentos y objetos de limpieza y/o aparatos eléctricos. Las horas en las que ocurren con mayor frecuencia los accidentes son las 10:00 y las 11:00 a. m. y las, 6:00 y 7:00 p.m. que son las horas en las que la madre no cuida al niño porque se encuentra preparando la comida o ha disminuido su nivel de vigilancia. Los niños que viven en familias de poco afecto y que, por tanto, no tienen un cuidado especial, ni los mayores se ocupan de sus necesidades, sufren mayores accidentes. Asimismo, los niños sobreprotegidos a quienes no se les han enseñado los diferentes objetos y el cuidado de éstos, al intentar transgredir las prohibiciones de sus padres, y lanzarse a una experiencia novedosa ponen en peligro su vida; por eso, es importante ir lentamente enseñándole los peligros de los diferentes objetos y el efecto de algunos de ellos. Por todo esto, hay que tener en cuenta:

- Cuando el niño está entre 1 y 2 años, es necesario cuidar sus desplazamientos para ayudarlo a descubrir su medio ambiente pero previniéndole de posibles accidentes y eliminando objetos peligrosos en sus exploraciones.

- Los accidentes que sufren más los niños son: intoxicaciones, quemaduras, electrocuciones, asfixias, caídas, heridas, atragantamiento, consumo de cuerpos extraños. Esto se puede evitar guardando todos los objetos como cuchillos, tijeras, agujas, lápices y aparatos eléctricos, protegiendo los tomacorrientes y dejando fuera de su alcance los fármacos y tóxicos.

- Al niño le atraen los objetos de colores y algunos medicamentos poseen estas características, lo mismo que los artículos de limpieza que a veces son perfumados y tienen formas de objetos que recuerdan los juguetes del bebé. Los padres deben guardar estos productos en estantes altos en donde el niño no alcance a llegar. Nunca deben dejar los fármacos encima de la mesa o el comedor, porque fácilmente el niño los toma. No se deben guardar los medicamentos que sobran sin comprobar la fecha de caducidad para eliminarlos y los restantes guardarlos bajo llave.

- Hay que guardar los productos de limpieza que usualmente son tóxicos lejos de los alimentos, y en lugares cerrados bajo llave o en lugares altos.

- Lo mismo sucede con algunas plantas y flores que pueden ser tóxicas o provocar alergias, porque al niño le gusta tocarlas y llevárselas a la boca.

- Los alimentos calientes, o la manipulación de productos inflamables y aparatos eléctricos de enchufes son elementos que producen quemaduras. La sopa demasiado caliente, los calentadores, los recipientes con agua hirviendo, las chimeneas, son fuente de posibles accidentes en donde el niño puede estar involucrado.

- Es importante verificar el buen estado de las tomas eléctricas y de los enchufes interruptores de corriente; en el mercado venden protectores para los tomacorrientes para evitar los accidentes; por ejemplo, que el niño introduzca algún objeto conductor por las tomas. En lo posible no se deben utilizar tomas donde convergen varios cables.

- En la cocina se debe cuidar de que los mangos de las ollas que estén al fuego queden hacia adentro para evitar que el niño los tome. No deje que los niños permanezcan o entren a la cocina.

- Guarde las cerillas, encendedores y productos inflamables (alcohol, gasolina, petróleo, etc.) lejos del niño.

- Cuide que el niño no manipule objetos pequeños que pueda ingèrir.

- No le deje cuerdas o cordones porque se puede estrangular. Tampoco le permita jugar con bolsas de plástico, porque puede meter su cabeza y asfixiarse al no poder desembarazarse de ellas.

- No ate nunca al niño con correas, porque puede asfixiarse y cuide de los cojines y muñecos muy grandes porque éstos pueden ser causa de ahogamiento por su tamaño.

- Explíqueles a los hermanos mayores el peligro que supone jugar con bolsas de plástico en la cabeza o encerrar al niño en un baúl.

- El niño puede resbalarse o caerse, cuide de agregar mucha cera en los pisos y coloque barreras graduables en las ventanas y coloque cerca de la bañera una alfombra para evitar los resbalones.

- Si, por alguna circunstancia, el niño consume algún tóxico es importante que usted lea la etiqueta correspondiente en donde dice qué debe hacer. Pero no le dé al niño leche ni comida; muchos productos tóxicos se disuelven en la grasa y ésta favorece su absorción. No le meta el dedo en la boca para hacerlo vomitar, puede hacerle daño. Envuelva al niño, si está frío, en una manta y llévelo al centro de salud más cercano, llevando consigo el tóxico para que el médico conozca su constitución.

- En caso de quemaduras, no ponga nunca pomadas ni sustancias grasas sobre ellas; si la quemadura es pequeña tápela con vendas estériles empapadas en una solución antiséptica; si es de mayor tamaño consulte al médico; si la quemadura es producida por sustancias químicas, lave la herida con agua abundante pero nunca aplique grasas ni otras sustancias porque ocultan la herida y ésta puede infectarse. Mientras lleva el niño al médico déle una aspirina infantil cada 6 horas.

- Si la quemadura es producida por la corriente eléctrica, lo primero, que debe hacer es desconectar la corriente. Pero si las ropas del niño están incendiadas, apague las llamas con una manta grue-sa. Si el niño está en estado de choque debido al dolor o a la pérdida de líquidos del cuerpo por la herida, observe la respiración del niño; si es dificultosa déle respiración boca a boca; si tiene sed déle suero oral y llévelo rápidamente al centro de salud más cercano.

• En caso de electrocución, porque el niño ha introducido el dedo en un tomacorriente o en un objeto conductor, el niño puede perder el conocimiento o sufrir un paro cardíaco o respiratorio, además de las quemaduras y problemas circulatorios de diferente extensión, dado que la electricidad se desplaza por todo el organismo. En este caso, lo primero que se debe hacer es desconectar la corriente, no tocar al niño con las manos mojadas y llevarlo inmediatamente al puesto de salud. Si el niño no respira déle respiración boca a boca y masajes cardíacos, si sabe cómo hacerlo.

• Si el niño se asfixia por estrangulamiento, porque está encerrado o porque ha introducido su cabeza en una bolsa plástica, es necesario restablecerle la respiración boca a boca, darle masajes cardíacos, si sabe; y si la asfixia es por un gas o un tóxico, se deben abrir las puertas y las ventanas de par en par, cuidando de no encender ningún fósforo, ni interruptor eléctrico porque una chispa podría provocar una explosión.

• Si el niño sufre una caída, lo principal es no realizar movimientos que puedan causarle dolor o daño futuro permanente. Colóquelo lateralmente para que en caso de vómito pueda expulsarlo hacia afuera y no se ahogue. Permítale respirar lo más cómodamente posible, la cabeza debe estar levemente levantada hacia atrás y, si tiene algún miembro herido, dejarlo en la misma posición. No intente alzarlo y salir corriendo. Lo más importante son las acciones pensadas tranquilamente y las sugerencias del médico.

• Si su niño se ha herido con algún objeto cortopunzante, corre peligro de hemorragia y de infección. Procure calmarlo y si sangra en abundancia nunca le ponga torniquete, es mejor comprimir la herida directa y fuertemente con su mano, hasta que deje de sangrar, o se lleve a donde el médico. No le agregue a la herida café, ni lo cubra con tierra o telaraña, porque se infectará y puede adquirir tétanos, enfermedad muy grave. Simplemente limpie la herida con agua.

- Los niños tienen la costumbre de meterse objetos en la nariz, las orejas y los diferentes orificios del cuerpo, con el peligro de perforarse éstos, produciéndose infecciones y hemorragias. No intente sacar estos objetos; deje que el médico lo haga en un servicio de urgencias. No le dé golpes en la espalda, ni comidas diferentes a la que el médico le aconseje.

- El niño debe dormir solo, pero su cama o cuna debe tener barandas como protección; no le coloque almohadas y acuéstelo de lado o boca abajo.

- Cuando lo bañe evite que el agua entre en sus oídos, y si el niño es mayorcito, siempre ponga poca cantidad de agua en la bañera y vigílelo para que no se caiga cuando se bañe solo.

- Si la casa tiene alberca, debe procurar que el niño no tenga acceso a ella, pues se puede ahogar.

- Revise periódicamente los juguetes del niño. Evite los de tamaño pequeño porque puede tragárselos, los juguetes deben ser fáciles de lavar y sin pinturas tóxicas a base de plomo; este compuesto es muy peligroso. Cuide que los juguetes rotos no tengan filos o aristas que puedan lesionar al niño. Nunca le ofrezca objetos inflamables.

- Cuando lleve al niño a pasear, enséñele preventivamente las señales de tránsito y prevención, y cuando cruce las calles hágalo por las esquinas de manera correcta para que así éste aprenda. Si va en automóvil, no permita que saque la cabeza, ni las manos por las ventanillas. Nunca lleve al niño en el asiento delantero de su automóvil.

- Si el niño tiene fiebre y se muestra inquieto, lloroso, decaído, tómele la temperatura, en lo posible, con una cinta fiebre-test o con un termómetro axilar, los termómetros rectales si no se saben utilizar es mejor no usarlos. Si la temperatura es muy alta, llévelo a donde el médico, él le indicará qué hacer.

- No le dé fármacos enviados por consejo de la vecina o del farmaceuta, deje que el médico haga esto, muchos fármacos son peligrosos para los niños y producen daños permanentes.

- No olviden que el mejor amigo para su hijo es el médico.

CAPITULO 4

SURGE UNA NUEVA VIDA

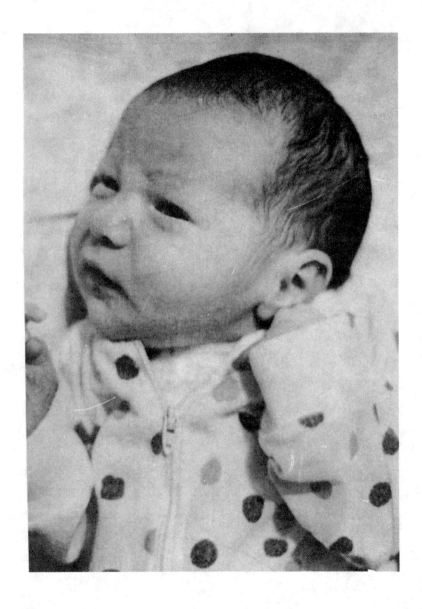

Objetivos

Uno de los objetivos durante esta fase de la vida es ofrecerle oportunidad al niño para el ejercicio de los reflejos que se presentan durante esta etapa, y otras condiciones efectivas y de protección de la salud, importantes para su desarrollo futuro. Se deben tener en cuenta los siguientes aspectos:

1. Estimular en el niño los reflejos de deglución, succión, mordida, parpadeo y prensión.

2. Atender al niño cuando llora. El llanto constituye su lenguaje.

3. Lactar adecuadamente al niño.

4. Estimular el aseo y el uso de ropa adecuada para el niño.

5. Vigilar el ombligo del niño, eliminando el uso del fajero (ombliguero).

6. Colocar al niño en una posición correcta para dormir.

7. Llevar al niño a control médico y vacunarlo según sus instrucciones.

8. Prevenir y detectar en el niño, las enfermedades más comunes durante este mes.

9. Construir o comprar móviles y juguetes apropiados para la edad del niño.

Se espera que durante este mes el niño intente o realice algunas de las siguientes actividades:

1. Ejercitar los reflejos de succión, deglución, mordida, parpadeo y prensión.

2. Dirigir los ojos hacia la luz y observar los objetos que se encuentran dentro de su campo visual.

3. Rechazar objetos que no le satisfagan.

4. Realizar movimientos corporales simples.

5. Al finalizar este mes el niño deberá presentar un cuadro de salud satisfactorio y tener el peso adecuado para su talla y edad.

Actividades de manejo del niño

- Una madre puede hacer muchas cosas con su hijo cuando lo alimenta, lo baña, lo muda o lo entretiene, que pueden ayudar a un desarrollo mucho más complejo del niño. Esto también lo puede hacer cualquier otra persona de la familia, como el padre o los hermanitos. Todos pueden colaborar jugando con el niño; así, ayudan para que éste sea más inteligente, más feliz y más útil para la sociedad. Recuerde que el niño aprende a través del conocimiento del mundo que lo rodea, y una forma de hacerlo es el juego. El juego es el principal vehículo del aprendizaje del niño.

- Desde que el niño nace, responde a lo que lo rodea y a lo que la gente hace. El niño al nacer reacciona gracias a los reflejos normales y naturales que posee, como el de chupar, morder, agarrar los objetos o parpadear. Por esto, son importantes todos los estímulos visuales generales, táctiles y auditivos que pueda recibir, cuidando de no fatigar demasiado al niño.

- Acostado boca arriba debe ayudársele para que mueva la cabeza hacia los lados. Tocándole la mejilla moverá su cabeza hacia ese lado. Produciendo un sonido mirará hacia el lugar de donde proviene; se le puede hablar mirándole para atraer su atención.

- Para que el niño pueda hacer bien estas actividades es necesario, ante todo, que esté bien alimentado y cuidado. No olvide que el mejor alimento que usted puede ofrecerle al niño a esta edad es la leche materna; ésta será buena si usted es una madre alimentada y sana. La leche materna además de ser el alimento más completo, es económica, limpia y libre de infecciones; sirve como elemento de unión entre la madre y el niño y le proporciona al bebé sustancias que le evitan infecciones. Evita que se desarrollen alergias y también irritaciones de la piel del niño.

- Cuando el niño cumpla un mes deberá ser capaz de: tragar, chupar, cerrar los puños con fuerza, parpadear frente a cambios de intensidad de la luz. También deberá ser capaz de: rechazar objetos que no le gusten, llorar cuando tiene hambre o está incómodo, dejar de llorar cuando se le alza o se le acaricia, mirar objetos cercanos a sus ojos, dirigir los ojos hacia la luz, realizar movimientos constantes con sus miembros, seguir con la mirada algo que usted le muestra y mueve lentamente, tratar de sostener la cabeza cuando se endereza, hacer algunos ruidos con la boca, responder de alguna forma a los ruidos.

- El niño de un mes sigue una luz con los ojos, volteando la cabeza sigue un sonido, se observa una mano, patea fuertemente cuando esta acostado boca arriba y tendido boca abajo, mueve la cabeza hacia arriba, hacia abajo y de un lado a otro y puede sostener la cabeza levantada durante 5 segundos.

- El niño busca y se protege en la suave tibieza del pecho y la seguridad del abrazo materno. Es importante que la madre desee alimentar a su hijo para que los senos produzcan leche. Si usted tiene problemas para darle la leche materna a su hijo no se sienta culpable y consulte a su médico. Desde el primer día se debe colocar al niño al seno, varias veces en el día, para que chupe y estimule la salida de la leche. Todas las madres están en capacidad de producir leche en la cantidad requerida por el niño.

- Al niño recién nacido se le darán mamadas de 5 a 10 minutos de cada seno; este tiempo aumentará a medida que el niño crece. Los niños que son alimentados al seno materno son más sanos, aumentan de peso y crecen más rápido que aquellos alimentados con otras leches. La leche de los primeros días se llama *calostro*; es amarillenta y produce en el niño deposiciones blandas y frecuentes; esto es consecuencia de la leche y no se debe confundir con la diarrea. El calostro tiene gran valor nutritivo y evita enfermedades en el niño. Si hay infección en los senos, el médico le indicará la manera de extraerse la leche (por expresión manual) para evitar que ésta se acabe. Si el pezón está mal formado y el niño tiene dificultad para chupar, no le retire la leche al niño, sáquela con un mamador y désela.

- Cuando esté alimentando al bebé con el pecho, oprima suavemente con la mano la región cercana al pezón, a intervalos más o menos regulares. Coloque el seno en la boca del bebé y cuando lo aprisione, trate de quitárselo suavemente, para darle fuerza a su mordida. Toque con diferentes objetos los labios del bebé; éste presentará el reflejo de succión; cuide de no cansarlo. Esta acción activará el reflejo de succión. Antes de amamantar al niño se debe lavar las manos. Dele también oportunidad de descansar, especialmente cuando lo vea fatigado.

- Alimente a su hijo siempre sentada con él en su regazo, semilevantado, cuidando que la nariz no se tape con el seno, para que pueda respirar adecuadamente.

- Al principio puede existir alguna dificultad para que el niño tome el pecho, pero posteriormente el niño instintivamente buscará el pezón con la boca cuando su mejilla sienta el pecho de la madre. Debe sostenerse de manera que pueda alcanzar el pezón y levante el seno por debajo para acercarlo a la boca del niño. Así evitará que trague aire y que usted sufra heridas en el pezón.

- Mientras el niño mama, oprima suavemente la zona alrededor del pezón, con los dedos índice y medio, para que el niño chupe mejor y pueda respirar con comodidad. Cuando al niño haya terminado de mamar retire el pezón suavemente. Después de cada mamada debe sacarle al niño el aire que ha ingerido durante la succión, reclinándolo sobre su hombro, dándole unos golpecitos suaves en la espalda. A veces, el niño bota un poco de leche, esto es normal siempre y cuando sea en poca cantidad. Siempre se le deben sacar los gases al niño para que pueda seguir comiendo y así evitarle cólicos.

- Amamante a su hijo siempre que muestre hambre. Aproveche el momento en que lo está alimentando para hablarle con cariño y acariciarlo de tal manera que sienta el afecto.

- Durante el período de lactancia las madres deben alimentarse muy bien. Es importante que coman carne, leche, huevos, lentejas, frijoles, arvejas, verduras, frutas, avena, cebada, cuchucos y otros alimentos preparados con soya. Estos últimos alimentos reemplazan la leche, la carne y los huevos en caso de que no los puedan conseguir. Durante el período de lactancia la madre debe evitar el cigarrillo, las bebidas alcohólicas y las drogas. Si la madre tiene que tomar alguna droga sólo lo debe hacer bajo prescripción del médico.

- Durante los 2 ó 3 primeros días de nacidos, algunos niños presentan molestias por acumulación de moco en la nariz, y parece que estuvieran con gripe; esto se puede mejorar aplicándoles unas gotas de suero fisiológico en cada fosa nasal.

- Algunos niños, sobre todo mientras están pequeños, deben recibir alimentación aún de noche, para lograr que aumenten de peso más rápidamente. No lo deje llorar.

- Déle jugos con un poco de agua hervida azucarada al clima. Poco a poco deberá ir disminuyendo la cantidad de agua para darle el jugo puro. Es conveniente comenzar con un solo tipo de fruta por 3 ó 4 días seguidos, para que el niño se acostumbre al sabor. Si la rechaza no insista y ensaye con otra fruta. Prepárele jugo de ciruela si está con estreñimiento. Se recomienda darle agua hervida con cuchara, especialmente en climas cálidos.

- Bañe al niño todos los días, excepto cuando el médico se lo contraindique. El baño diario mantiene al niño saludable. En un recipiente apropiado vierta agua tibia, introduzca al niño sin sumergirle la cabeza. Moje y enjabone primero la cabeza inmediatamente y luego siga con el resto del cuerpo. Cambie el agua para enjuagar al niño. Si es niño, límpiele cuidadosamente el pene retirando con suavidad la piel que lo recubre, éste se llama prepucio. En muchos niños, mediante este procedimiento, se evitan problemas futuros. Algunos niños ameritan la circuncisión por estrechez o abundancia del prepucio.

- Saque al niño del recipiente o bañera y séquelo cuidadosamente, quitándole la humedad que le queda entre los dedos de los pies, entre las piernas, debajo de los brazos y en los pliegues del cuello.

- Recuerde que el niño debe ser vestido rápidamente para evitar un resfriado.

- Antes del baño cuando esté desvestido, déjelo mover libremente las piernas y los brazos, masajéele suavemente el cuerpo. Déle palmaditas suaves empezando por el hombro y siguiendo hacia la mano. Tómele los brazos con suavidad, sin forzarlos y muévalos hacia arriba y hacia abajo, cruzándolos encima del pecho. Después del baño, cuando lo esté secando y vistiendo póngalo boca abajo sobre la cama y empújele con su mano un pie hacia adelante, el niño avanzará un poquito lo mismo con el otro pie. Repita el ejercicio varias veces; esto le ayudará a fortalecer los brazos y a levantar la cabeza con firmeza; además, le beneficiará su desarrollo físico posterior.

- Escoja la hora del baño de acuerdo con su conveniencia; algunas madres prefieren hacerlo en las horas de la mañana y otras en la noche; lo importante es que usted tenga tiempo y esté tranquila.

- Si el niño vomita, cámbiele la ropa. Es recomendable usar un babero, para proteger el vestido.

- Cada vez que al niño se le deba cambiar el pañal, especialmente cuando ha realizado deposiciones, debe limpiarlo con un algodón o con un paño empapado en agua hervida; esto le evitará fuertes y peligrosas irritaciones en la piel.

- Cuando su hijo tenga fiebre llévelo inmediatamente al médico. Mientras tanto bájele la temperatura con aspirineta pediátrica. No lo arrope demasiado, porque su cuerpecito necesita airearse. No lo friccione con alcohol, porque éste le puede producir envenenamiento. Si la fiebre es muy alta y persistente, pásele por todo el cuerpo un paño humedecido en agua tibia y no lo seque.

- Lave la ropa de su bebé aparte de la ropa de las demás personas de familia. Enjuáguela bien para evitarle irritaciones en la piel. La piel del niño es muy delicada; por esto se aconseja hervir o lavar los pañales con agua caliente. No es prudente lavar los pañales con productos químicos, porque éstos producen irritaciones en la piel del niño.

- Al acostar al niño, hágalo colocándolo en distintas posiciones, preferiblemente de medio lado o boca abajo, para evitar que se ahogue con una flema o con un vómito imprevisto. Nunca lo acueste boca arriba. Acostúmbrelo a dormir con los ruidos naturales de la casa.

- Si su bebé presenta diarrea y/o vómitos frecuentes en el día, suspéndale provisionalmente la leche y déle suero casero para que no se deshidrate. Este suero se prepara mezclando: 1 litro de agua hervida, 1/2 cucharadita de sal y 2 cucharaditas de azúcar. En el comercio farmacéutico también venden sobres de suero casero con fórmulas químicas más adecuadas. UNICEF impulsa en el mundo un proyecto sobre su distribución y se encuentran fácilmente en cualquier farmacia.

- Al nacer el niño presenta una leve coloración amarillenta, propia del recién nacido; esta coloración aparece entre los 2 y 3 días, aumenta progresivamente hasta los 4 ó 5 días y luego desaparece por completo. Observe bien el color del niño en los primeros días de nacido; si nota un color amarillento cada vez más marcado, refiéraselo al médico, pues puede sufrir de icteria. Un tratamiento oportuno evitará consecuencias graves posteriormente.

- Si al niño le da gripe o catarro, destápele la nariz con suero fisiológico con agua hervida fresca a la que se haya añadido una pizca de sal; para hacerlo debe utilizar un gotero. No le introduzca palitos con algodón u otro objeto ni en la nariz ni en los oídos; éstos le pueden causar graves daños.

- Como la respiración del niño es abdominal, la ropa con que se le vista no debe quedarle ajustada; por eso no se aconseja colocarle ombligueros o fajeros, porque le impiden al bebé respirar bien, y por la fuerza del llanto sobre esta área se le pueden producir hernias escrotoinguinales.

- Cure con un desinfectante el ombligo del niño en las primeras 2 semanas de nacido; al hacerlo, procure no arrancarle el cordón umbilical que todavía tiene adherido. Es importante tener cuidado en el momento del baño para no mojar el cordón antes de caer. Si sangra ocasional y ligeramente no se preocupe, eso es normal; pero consulte al médico si la hemorragia es persistente y aumenta.

- Cuélguele un móvil de colores vivos en un lugar donde lo pueda mirar; esto le ayudará a desarrollar la visión. Si es posible, coloque la camita del bebé de manera que él pueda mirar fácilmente hacia la ventana o hacia la puerta. El niño pasará cada vez más tiempo mirando hacia los lugares más iluminados. Dentro de la alcoba utilice una lámpara, colocándola en sitios que están al alcance de los ojos de niño y de los movimientos casuales que éste realice con su cabeza. Cuando la alcoba esté oscura, prenda la lámpara dentro del campo visual del niño, pero lejos de él, para que dirija su mirada hacia la luz.

- Toque la palma de la mano del bebé para que éste agarre su dedo. Utilice otros objetos como juguetes pequeños o sonajeros. Hágalo repetidas veces. El sonajero es un juguete muy importante en esta etapa; posteriormente, debe proporcionársele uno de fácil manejo.

- Háblele permanentemente frente a su cara y repítale sonidos similares. El niño balbucea con frecuencia en respuesta a la atención de las personas y sonríe a los gestos faciales de otros.

- Ofrézcale objetos al niño para que trate de alcanzarlos.

- Cuando tenga alzado el bebé, procure pasearlo por ambientes de diferentes intensidades luminosas. El niño parpadeará o cerrará los ojos al pasar de la oscuridad a la claridad. Frente a una lámpara, camine acercando y alejando al niño de la luz de ésta.

LAS SENSACIONES DEL NIÑO

(EL NIÑO ENTRE 1 Y 2 MESES DE EDAD)

Objetivos

Durante esta etapa el niño se apresta a aprender más cosas. Toda edad para él es diferente y se siente dispuesto a asimilar cada día más aspectos de la vida. Su inteligencia se desarrolla durante esta edad muy rápidamente; hay que ayudarle para estimularlo adecuadamente, y alimentar oportuna y correctamente su inteligencia y su cuerpo. Cada etapa amerita diversas actividades, algunas veces de nuevos aprendizajes y otras de reforzamiento de comportamientos adquiridos anteriormente. Durante este mes, el niño trata de comunicarse un poco más con el medio que lo rodea, repite sonidos y se integra a algunas actividades con más interés. Es necesario tener en cuenta algunos aspectos que se pueden realizar a través de las actividades descritas para este mes que busca estimular logros en el niño; por ejemplo:

1. Proporcionar estímulos orientados a actividades de manipulación y para el agarre.
2. Estimular el desarrollo sensorial del niño, la vista, la audición, para que pueda realizar búsquedas orientadas de objetos.
3. Estimular en el niño la emisión de sonidos guturales y repetitivos (balbuceo).
4. Ayudarle al niño a levantar la cabeza en posición vertical.

Se espera, respetando las individualidades del desarrollo, que el niño durante este mes pueda realizar algunas de las metas propuestas:

1. Desarrollar habilidades sensoriales que le permitan realizar búsquedas orientadas de los objetos.
2. Emitir sonidos guturales y repetitivos.
3. Sostener la cabeza en posición vertical.
4. Desarrollar el agarre:
   • Agarrarse una mano con la otra.
   • Sostener un objeto durante cuatro segundos.

5. Al finalizar este mes, el niño deberá presentar un cuadro de salud satisfactorio y tener el peso adecuado.

• Durante el primer mes, el niño comienza a tener contacto con un mundo más amplio y complejo. Por eso es necesario favorecer en el niño el desarrollo de los sentidos, la capacidad para ver, oír, sentir y moverse. Se le deben poner ropas que le permitan mayor libertad de movimientos, y debe procurarse no amarrarle los brazos ni las piernas. Un ejercicio muy agradable para el niño consiste en agarrarlo por las piernas y los brazos y moverlos suavemente.

• Si frente al niño se colocan objetos de colores fuertes, acercándolos y alejándolos lentamente y moviéndolos después en todas las direcciones, se le estimula el desarrollo de la vista y el contacto con el mundo que lo rodea. Hay que dejar que el niño se lleve los objetos y las manos a la boca y los chupe; esto le ayudará a coordinar los ojos y las manos. Por tanto, los objetos y las manos del niño deben mantenerse limpias.

• Déle objetos en las manos mientras lo muda. Los movimientos más finos se desarrollan colocando en las manos del niño cosas con las cuales pueda jugar. Coloque cosas nuevas que el niño pueda mirar, golpear o manipular en cualquier forma.

• Juegue con las manos del niño; cuando el niño tenga sus manos cerradas, roce el dorso de la mano con objetos muy suaves. El niño abrirá la mano y usted aprovechará para que agarre su dedo meñique u otros objetos. Déle su mano y repita este juego varias veces.

• Para ayudar al desarrollo de la audición, háblele siempre claramente, de frente y en distintos tonos de voz, póngale el radio, hágale escuchar sonidos diferentes y repítale un mismo sonido. Trate de obtener una respuesta del niño. Fíjese si el niño produce un sonido para repetírselo.

• Cada día el niño se relaciona más con las personas que lo rodean. Hay que ayudarlo. Se debe tratar de hacerlo sonreír, cántele y celebre su sonrisa.

- Conviene permitir que varias personas lo entretengan. Pero deben aprender a jugar con el niño. Cuando el niño mira a la cara, coloque en medio un cartón y haga que el rostro aparezca y desaparezca frente a él.

- El lavado de los pañales debe hacerse con tanto cuidado como en el mes anterior. No dé a su hijo remedios que no hayan sido recetados por el médico, especialmente antibióticos. La tetraciclina, por ejemplo, mancha los futuros dientes y le produce daños óseos.

- Aunque el ombligo ya ha cicatrizado completamente, es importante limpiárselo bien durante el baño y secarlo cuidadosamente después del baño. Es preferible, no utilizar talcos, ya que éstos pueden ser aspirados por el bebé causándole problemas en los bronquios (silicosis). Si es necesario usarlos, se deben aplicar cuidadosamente con un pomo, evitando a toda costa que se levante polvo y el niño lo aspire.

- Algunos niños presentan en la cabeza una costra dura; para que desaparezca se les debe untar aceite para bebé unas horas antes de bañarlos. Si su niño tiene este problema, durante el baño, frótele suavemente (la cabeza) con una toalla para que desaparezca esta costra.

CONOCIENDO SU AMBIENTE

(EL NIÑO DE 3 A 4 MESES DE EDAD)

Objetivos

Durante esta etapa el niño se relaciona más con su ambiente ecológico y social. Los actos de mirar y de tocar se tornan más coherentes. Fija con mayor intensidad su vista sobre los objetos y los agarra distinguiéndolos, ya sean chicos, pesados, suaves y livianos. Para seguir aprendiendo el niño tiene que realizar acciones por sí mismo; la madre debe colaborarle pero no hacerle todo; hay que dejarlo experimentar. Si quiere tomar algo con las manos para hacerlo sonar hay que mostrárselo para que él lo coja y lo haga sonar, y ayudarle para que repita la acción varias veces hasta que logre realizarla.

Las personas de la familia pueden ayudarle mucho al niño para que desarrolle la inteligencia y conserve su salud, pero no debe olvidar que el afecto es muy importante. Acariciarlo, hablarle, demostrarle amor es fundamental. El bebé que no tiene afecto se retrasa en el desarrollo psicoafectivo.

Algunos aspectos que se buscan lograr durante este mes, son los siguientes:

1. Estimular en el niño habilidades de motricidad general como:
   - Reaccionar moviéndose cuando se le cubre la cara
   - Levantar la cabeza y sostenerla
   - Voltearse de lado o boca arriba
   - Llevarse las manos a la línea media del cuerpo
   - Mover sus pies en acción de patear
   - Levantar la barbilla tratando de alcanzar un objetivo
   - Sentarse con ayuda
   - Rotar la cabeza de un lado a otro.

2. Estimular el desarrollo de habilidades de motricidad fina como:
   - Sostener un objeto colocado en sus manos.
   - Extender los brazos y abrir las manos hacia los objetos que le presentan.
   - Tomar la mano de otra persona cuando se la den
   - Retirar de su cara una cobija
   - Tender la mano hacia el recipiente que contiene los alimentos

3. Estimular el desarrollo del sentido de la visión de tal manera que el niño pueda:

- Observar prolongadamente un objeto
- Observar objetos distantes
- Seguir con los ojos objetos distantes que se muevan
- Mirar la mano de la persona cuando ésta bota un objeto
- Voltear la cabeza siguiendo un objeto que se mueve horizontalmente
- Examinar un objeto que se le coloca en la mano.

4. Estimular en el niño habilidades del lenguaje:
   - Enseñar al niño el nombre de las personas que lo rodean
   - Provocar la sonrisa del niño jugando con él
   - Proporcionar al niño estímulos auditivos diferentes

5. Apoyar el cuidado de la salud:
   - Llevar al niño a control médico
   - Detectar y prevenir en el niño las enfermedades propias de este mes.
   - Estimular la lactancia materna.

Se espera que al finalizar este mes el niño pueda realizar algunas de las siguientes destrezas:

1. Realizar actividades de motricidad general:
   - Reaccionar moviéndose cuando se le cubre
   - Levantar la cabeza y sostenerla
   - Voltearse de lado o boca arriba
   - Llevarse las manos a la línea media del cuerpo
   - Mover sus pies en acción de patear
   - Levantar la barbilla tratando de alcanzar el biberón
   - Sentarse con ayuda
   - Rotar la cabeza de un lado a otro

2. Realizar actividades de motricidad fina:
   - Sostener un objeto colocado en sus manos
   - Extender los brazos y abrir las manos hacia los objetos que se le presentan
   - Tomar la mano de otra persona cuando se la den
   - Retirar de su cara una cobija

- Tender la mano hacia un recipiente con alimentos

3. Realizar actividades visuales tales como:
   - Observar prolongadamente un objeto
   - Observar objetos distantes
   - Seguir con los ojos objetos distantes que se muevan
   - Mirar la mano de una persona cuando ésta bota un objeto
   - Voltear la cabeza siguiendo un objeto que se mueva horizon-
   talmente
   - Examinar un objeto que se le coloca en la mano.

4. Distinguir los nombres de las personas que lo rodean

5. Sonreír cuando juegan con él

6. Voltear la cabeza al escuchar estímulos auditivos

7. Reaccionar ante las sensaciones de calor y de frío.

8. Al finalizar este mes, el niño deberá presentar un cuadro de salud
satisfactorio y tener el peso adecuado para su talla y edad.

El efecto es muy importante para el bebé. No basta alimentarlo y
cuidarlo bien, sino que también es necesario proporcionarle cariño,
especialmente en esta etapa. El cuerpo del bebé es su primer juguete;
a través de él aprenderá muchas cosas. Cuando haga calor, quítele
toda la ropa y déjelo moverse. Los minutos antes del baño o mientras lo muda, son los mejores para que el niño haga ejercicio. Usted
verá cómo le gusta patear, tomarse los pies, mirarse los dedos. Ayúdelo a hacer ejercicio y a conocer su cuerpo.

Estimule al niño a que él mismo ejecute los ejercicios, y a que él
participe, pero no insista si no quiere o está cansado.

Hay que hablarle con frecuencia, empezar a enseñarle cómo se
llaman las cosas o personas que le interesan. Asi, si llega el papá o

alguna persona, repítale el nombre *papá, María.* Repítale también sonidos que él mismo hace, seguramente usted obtendrá de él como recompensa una bella sonrisa.

No es necesario que el niño esté siempre acompañado. Es bueno que se acostumbre a jugar solo de vez en cuando, esto permite que se desarrolle en él cierta independencia.

Usted o cualquier persona pueden jugar con el niño a esconderle las cosas. Por ejemplo tome algún objeto que al niño le gusta mucho y muéstrelo; cuando lo esté mirando, escóndalo lentamente debajo de algo que el niño pueda levantar; si lo levanta, celébrelo; si no lo busca, deje una parte del objeto asomada y muéstreselo. Repita este juego con distintos objetos.

Cuando cambie al niño, aproveche para jugar a esconder objetos, póngale nuevamente el pañal limpio sobre la cara; si él trata de quitárselo, celébrelo cuando lo haga. También puede taparse usted la cara con el pañal, para luego reaparecer sonriente. Sonríale permanentemente como recompensa a las actividades que está aprendiendo. Si realiza algún sonido repítalo varias veces hasta lograr que lo vuelva a emitir. Esto estimulará su lenguaje y el contacto con el mundo que lo rodea.

Acueste al niño boca abajo y coloque un objeto frente a sus ojos (por ejemplo, un sonajero); cuando el niño esté mirando el objeto, súbalo lentamente para que levante la cabeza. Repita el ejercicio varias veces elevando cada vez más el juguete. Coloque al niño boca arriba y recostado en una almohada alta, tómelo de las manos y levántelo hasta sentarlo, varias veces, después déjelo.

Haga sonar un sonajero a la izquierda del bebé para que el niño lo busque; cuando voltee la cabeza hacia el mismo lado, déjelo ver el sonajero y hágalo sonar nuevamente. Repita ahora el mismo ejercicio hacia la derecha.

Mueva una mano del bebé hasta tocar la otra y espere a que las entrelace, suéltelas y repita nuevamente el ejercicio, hasta que el niño permanezca con las manos entrelazadas por varios segundos.

Mueva los brazos del niño haciendo palmas.

Estando usted de pie de frente a una mesa, tome al niño parado, con la espalda de él tocando el estómago suyo. Afírmelo, poniendo una de sus manos a la altura de las rodillas del niño y la otra en el estómago. Inclínelo suavemente hacia adelante, hasta que el niño toque la mesa con las manos. Permítale hacer cierta fuerza apoyándose en los bracitos, repita varias veces los ejercicios.

Déle al niño distintos objetos para que los sostenga entre sus manos; así conocerá la textura, el peso y otros atributos de las cosas. Coloque frente al niño objetos llamativos y muévalos ante sus ojos, para que él estire los brazos y abra las manos en un esfuerzo por alcanzarlos.

Haga ruidos inesperados y agradables cerca del niño (marimba, sonajero, radio, canto); deje que el niño busque y encuentre con la vista la fuente del sonido.

Tome un objeto luminoso, brillante y sonoro (por ejemplo, una campanita, un sonajero, etc.), y estando parado frente al niño muévalo lentamente de izquierda a derecha y viceversa; luego aléjese y hágalo sonar a una distancia tal que el niño lo pueda observar claramente. Acérquese nuevamente y permita que el niño observe el objeto cuidadosamente; por último, enséñele las distintas partes del mismo.

Cuando esté haciendo calor póngale al niño ropa de tela liviana y déjelo que se asolee un rato; por el contrario, si hace frío o llueve, abrigue al bebé con ropa de lana.

Déle la mano al niño y haga que distintas personas hagan lo mismo.

LA SOCIALIZACION DEL NIÑO

(EL NIÑO ENTRE LOS 4 Y 5 MESES DE EDAD)

Objetivos

En esta edad el niño se socializa más rápidamente; entra en contacto fácilmente con los familiares; sonríe a carcajadas y mira detenidamente a las personas y balbucea sonidos con más frecuencia. En esta etapa el niño disfruta del juego; que para él significa aprendizaje, inteligencia y salud.

En este mes se deben cumplir algunos objetivos, pero sólo son parámetros. No se debe olvidar que cada niño tiene un desarrollo independiente, pero adopta patrones comunes, que son los que aquí tratamos de señalar.

1. Se debe estimular habilidades de motricidad general, tales como:
   - Hacer el esfuerzo de sentarse
   - Sentarse con apoyo
   - Mantenerlo firmemente en pie cuando un adulto lo sostiene por las axilas.
   - Elevarlo con los brazos, manteniendo momentáneamente el tórax sin contacto con la superficie.

2. Estimular habilidades de motricidad fina del niño, tales como:
   - Oponer resistencia física cuando se le trata de quitar un objeto
   - Tomar un objeto con cualquiera de las manos.

3. Estimular el desarrollo del sentido de la visión para que el niño pueda:
   - Observar el movimiento de un objeto que es halado de una cuerda sobre la superficie de una mesa.

4. Estimular en el niño el desarrollo del lenguaje de manera que él emita sonidos vocales.

5. Estimular el desarrollo social del niño para que:
   - Juegue cuando el adulto sonríe ante una persona que aparece y desaparece

- Reaccione ante el sonido de la voz humana
- Voltee la cabeza cuando lo llaman.

6. Identificar los estados de malestar o indisposición general en el niño para proporcionarle los cuidados necesarios.

.7. Identificar las necesidades alimenticias del niño en caso de inapetencia (anorexia).

8. Hacer agradable el baño del niño y al mismo tiempo estimular su actividad motriz.

Se pretende que el niño pueda desarrollar algunas de las diferentes actividades:

1. Realizar actividades de motricidad general, tales como:
   - Hacer el esfuerzo de sentarse
   - Sostenerse sentado con apoyo
   - Mantenerse firmemente de pie cuando un adulto lo sostiene por la axila.
   - Elevarlo con los brazos, manteniendo momentáneamente el tórax sin contacto con la superficie.

2. Realizar actividades de motricidad final, tales como:
   - Oponer resistencia física cuando se le trata de quitar un objeto
   - Tomar un objeto con cualquiera de las manos.

3. Realizar actividades visuales, tales como:
   - Observar el movimiento de un objeto que es halado de una cuerda sobre la superficie de la mesa.

4. Emitir sonidos vocales.

5. Realizar actividades sociales, tales como:
   - Jugar cuando el adulto sonríe ante una persona que aparece y desaparece
   - Reaccionar ante el sonido de la voz humana
   - Voltear la cabeza cuando lo llaman.

6. Realizar movimientos corporales cuando lo estén bañando.

Al finalizar este mes, el niño deberá presentar un cuadro de salud satisfactorio y tener el peso adecuado para su talla y edad.

Usted puede saber si el desarrollo psíquico de un niño anda bien, observando lo que va aprendiendo. Por ejemplo, si un niño no aprende a sonreír cuando los otros niños de su misma edad ya sonríen o no aprende a hablar cuando los demás ya hablan, es indispensable que su desarrollo psíquico sea estudiado. Observe a su niño y a otros de su misma edad, si ve algo que no le parece, consulte al pediatra.

Es necesario bañar al niño todos los días. Haga todo lo posible para que el baño sea agradable para él. Sujételo con firmeza para que se sienta seguro. Aproveche este tiempo para que él aprenda cosas nuevas. Por ejemplo, si al moverse él hace ruido moverá sus piernas y brazos y esto lo irá preparando para cuando empiece a caminar.

Hágale hacer fuerza para sentarse. En una caja o canasto, siente al niño y cíñalo bien. Colóquelo unas veces encima de una mesa para que la vea a usted mientras hace sus oficios y otras, colóquelo cerca de la ventana, si usted lo está observando. Déjelo que mire las cosas que lo rodean, sosteniendo a la vez un objeto entre sus manos. Ponga al niño frente a un espejo durante un rato, para que se mire.

Juegue con su hijo y haga que otras personas de la casa lo hagan también. Por ejemplo, póngale un pañal sobre la cara, para que él se lo quite. Tápese usted también la cara o escóndase para luego aparecer.

Tiéndase y coloque al niño boca abajo, encima de usted y anímelo a enderezarse haciendo fuerza con sus brazos.

Trate de ser expresiva cuando le hable a su hijo, pues aún cuando él no entienda el significado de las palabras, irá aprendiendo que la gente habla distinto si está alegre, si está cansada o si está triste; además que las palabras sirven para contarle a los demás lo que uno hace y lo que siente.

Aprenda a premiarlo por sus buenas acciones. Si realiza bien las actividades prémielo, bésele y consiéntalo.

Observe la conducta de su hijo; cuando tenga 4 meses debe ser capaz de: seguir objetos con la vista, jugar con sus manos, llevarse la mano a la boca, sostener objetos pequeños en la mano, sonreír ante apariciones visibles y animadas, imitar las acciones que ha descubierto por sí mismo y buscar el sonido con la vista.

Sostenga al niño por las axilas de modo que le permita mantenerse en pie.

Proporciónele objetos a su niño para que los sujete en cualquiera de las manos; y cuando él tenga el objeto en las manos trate de quitárselo para que le oponga a usted resistencia.

Cuando juegue con el niño, tome un objeto, sujételo con una cuerda y hálela sobre la superficie de la mesa, para que él observe el movimiento del objeto.

Acostúmbrese a llamar al niño por su nombre, para que él le responda volteando su cabeza.

Como a esa edad el niño observa con mayor interés los objetos que lo rodean, cuide que las diferentes cosas que se ponen a su alcance estén libres de peligros, ya que puede sufrir rasguños, cortadas o irritaciones. Si esto ocurre debe mantener en perfecta limpieza la parte afectada, mediante cuidadoso lavado con agua hervida y jabón, luego aplique un antiséptico (alcohol yodado). No emplee alcohol como antiséptico en el niño.

Si el niño siente algunas molestias o tiene catarro, seguramente no tendrá buen apetito. No lo fuerce a comer; deje que reciba lo que él quiera y ofrézcale muchos líquidos.

Acostúmbrese a colocarle un babero durante las comidas, ésto le ayudará a mantener la ropa limpia.

Cuando el niño produzca sonidos con su boca muéstrele su alegría, así el niño intentará repetir cada vez más esos sonidos que tanto le gustan.

CUIDANDO LA INTELIGENCIA

(EL NIÑO ENTRE LOS 5 Y 6 MESES DE EDAD)

Objetivos

Durante esta etapa el niño continúa sus progresos de socialización y verbalización; se siente mejor con el mundo que lo rodea y tiende a buscar a las personas que están más tiempo con él; ahora se hace más dependiente. Necesita de las personas que lo quieren para aprender, necesita que le enseñen y lo quieran. Si al niño se le ayuda adecuadamente, aprenderá muy rápidamente porque está ansioso de hacerlo. Se proponen algunas actividades nuevas para ayudarle al niño en sus necesidades, todas dentro de un objetivo cognitivo muy estricto:

1. Estimular el desarrollo de la habilidad manipulativa en el niño, de manera que éste sea capaz de realizar actividades como:
   - Coger objetos colgantes con sus manos
   - Acercar una o ambas manos cuando se le coloca un objeto chupable en la boca
   - Tocar con la mano la superficie de una mesa.

2. Estimular en el niño el desarrollo motor, de tal manera que éste pueda realizar actividades como:
   - Tender hacia la posición sentado, levantando la cabeza y la espalda
   - Realizar movimientos del tronco tanto hacia el lado derecho como hacia el lado izquierdo.

3. Estimular en el niño el desarrollo visual, de tal manera que éste sea capaz de:
   - Dirigir la mirada hacia el sitio donde está cogida su mano
   - Mirar un objeto caído
   - Observar su imagen en un espejo.

4. Estimular en el niño el desarrollo de conductas complejas de tipo imitativo y conceptual, de tal manera que éste pueda:

- Imitar la acción de sacudir un objeto
- Abrir la boca a la vista de una cuchara

5. Ayudar a la digestión del niño en caso de estreñimiento.

6. Observar correctas normas de higiene que le eviten infecciones al bebé.

Al finalizar este mes el niño será capaz de:

1. Realizar actividades de manipulación tales como:
   - Tocar con las manos la superficie de una mesa
   - Coger objetos colgantes con sus manos
   - Acercar una o ambas manos cuando se le coloca un objeto chupable en la boca
   - Tomar un objeto que se halle a la vista, aun cuando la mano no se encuentre allí.

2. Efectuar acciones motoras que le permitan:
   - Tender hacia la posición sentado, levantando la cabeza y la espalda.
   - Realizar movimientos del tronco hacia el lado derecho y hacia el lado izquierdo.

3. Desarrollar la visión, de tal manera que pueda:
   - Dirigir la mirada hacia el sitio donde está cogida su mano
   - Mirar un objeto caído
   - Observar su imagen en un espejo.

4. Desarrollar conductas complejas de tipo imitativo y conceptual, de tal manera que pueda realizar acciones como:
   - Imitar la acción de sacudir un objeto
   - Abrir la boca a la vista de una cuchara.

5. Gustar y comer puré de hígado, lentejas, arvejas, habas, entre otras.

Al finalizar este mes el niño deberá presentar un cuadro de salud satisfactorio y tener el peso adecuado para su talla y edad.

A esta edad las actividades se orientan cada vez más hacia el exterior.

Pero no todo lo que ocurre alrededor del niño es de su interés. De lo desconocido sólo le interesa aquello que él descubre por sí mismo, y goza con lo imprevisto. Los juegos y otras actividades, por tanto, hay que presentárselas al niño de tal forma que sea él mismo quien vaya descubriendo lo nuevo. Es necesario dejarlo actuar y repetir el juego de la forma que él quiera. A él únicamente le interesa lo que descubre por sí mismo.

El desarrollo de la inteligencia se realiza por medio de las experiencias y vivencias personales del niño, proporcionadas por el medio ambiente y por las personas que lo rodean. Mientras mayor sea la riqueza de experiencias de un ambiente, se brinda al niño mayor oportunidad de desarrollarse física y mentalmente.

Coloque al niño sentado al borde de una mesa o cama y ofrézcale varios objetos (fichas, cubos, ruedas, carretas). Coloque en el piso frente al niño un platón y permítale jugar con los objetos de modo que fácilmente caigan al platón. Si esto no lo logra él solo, demuéstrele el efecto (ruido), botando algunos objetos al platón; así el niño botará más objetos para repetir el ruido.

Ofrézcale al niño un objeto que chille o pite al oprimirlo, y permítale que lo explore, si el niño con su propia acción no logra hacerlo sonar, demuéstrele cómo lograrlo.

Déle al niño una caja de cartón de un tamaño que él la pueda manipular, con un orificio que le permita introducir su mano; una vez se haya familiarizado con la caja, muéstrele un juguete con una cuerda e introdúzcalo dentro de la caja, dejando la cuerda por fuera; anime al niño a que coja la cuerda y hale. Déjelo actuar libremente con el juguete y ayúdelo solamente cuando éste último se le desplace a distancias inalcanzables para él. Cuando saque el juguete de la caja, permítale manipularlo y después enséñele la manera de introducirlo nuevamente en la caja.

Cuando mude o bañe al niño, hágale un breve, masaje en cada parte del cuerpo. Colóquelo boca abajo y déjelo arrastrarse e intentar gatear. Póngale un objeto al frente para que trate de alcanzarlo. Estando boca abajo, tómele las piernas y levánteselas completamente del suelo para que camine sobre sus manos. Gradúe el ejercicio según las posibilidades del niño.

Estas son sólo algunas de las actividades que usted puede realizar con su hijo, pero tanto usted como su familia pueden ingeniarse muchísimas más.

Si es necesario, complemente la lecha materna con leche de vaca. Inicie con 4 onzas de leche hervida y vaya aumentando paulatinamente la cantidad.

Si el niño no recibe lactancia, se le pueden dar otros alimentos; prepárele puré de hígado, este alimento contiene gran cantidad de hierro, elemento importante para la sangre. Las lentejas, los garbanzos, las arvejas, los frijoles y las habas, preparados en puré o naco, molidos o machacados, son muy necesarios para la alimentación del niño. Déle estos alimentos en poquitas cantidades, teniendo cuidado de no dárselos en exceso ni frecuentemente, pues se podrán presentar vómitos y diarreas. Cuando inicie la alimentación con leche de vaca, es probable que al niño le dé estreñimiento; ayúdelo a hacer popó regularmente, dándole frutas, como la ciruela pasa, la papaya, la piña y la naranja.

El niño mal alimentado se muestra débil, decaído, sin ánimo y, por tanto, no puede aprender fácilmente, no sólo por su falta de motivación sino por su debilidad física. La dificultad para aprender aumentará si el tiempo de exposición a la mala nutrición y falta de experiencia se prolongan.

El niño normal desarrolla su inteligencia poco a poco, pero en forma continua. Al niño desnutrido se le interrumpe el desarrollo normal de su inteligencia, por consiguiente, siempre estará en desventaja.

Una buena nutrición es fundamental para el normal desarrollo de la inteligencia.

La alimentación que se le proporcione al niño durante los primeros años influye directamente en su aprendizaje, y más tarde, en su rendimiento escolar; por tanto, una manera de prevenir estos problemas, es suplirle al niño sus necesidades de nutrientes desde los primeros meses de la vida.

La nutrición influye directamente en el desarrollo físico y mental de los niños, y como su desarrollo se realiza progresivamente, todas las edades son importantes. Por esto, no espere que el niño ingrese a la escuela para alimentarlo mejor, porque las deficiencias que presente en esa época escolar ya no se pueden reparar.

Un niño con hambre o enfermo no puede aprender fácilmente; su rendimiento, actividad, captación y manejo de las experiencias y problemas serán deficientes comparativamente con los de un niño de su misma edad, pero bien alimentado.

Durante los primeros años de vida, el cerebro se encuentra todavía en proceso de maduración, por esto, es importante suplir las necesidades proteicas para que este proceso termine, y la manera de proporcionarlas es alimentando bien al niño.

Es necesario proteger el mejor tesoro del niño: su inteligencia.

Para evitar infecciones, los utensilios de alimentación para el niño deben lavarse con agua limpia, cepillo y jabón, procurando no dejar residuos de leche o grumos de jabón en ellos. Todo el tetero se coloca en una olla, con agua y se debe dejar hervir por 20 minutos. Cuando el chupo ya está muy blando y baboso, reemplácelo por otro. Nunca deje el chupo sumergido en agua, pues se daña rápidamente.

Asimismo, los utensilios que emplee en la preparación de la leche deben estar bien lavados y desinfectados con agua hirviendo.

Nunca le dé al niño un tetero que tenga más de 20 minutos de haber sido preparado. Esto le puede causar infecciones gastrointestinales; recuerde que si utiliza leche en polvo, el agua de la mezcla debe estar hervida.

Siga siempre las recomendaciones dadas para la preparación del tetero; no le ponga más agua de lo aconsejado, ya que esto perjudica la buena alimentación de su bebé.

Aproximadamente a los 6 meses comienzan a salir los dientes y en esta edad los niños se llevan diversos objetos a la boca, porque la encía les pica; cuide que su hijo mantenga las manitas limpias, las uñitas cortadas y también muy limpias; de igual manera debe cuidar que los objetos que el niño coja no estén ni rotos ni sucios, de esta forma le evita infecciones graves a su hijo.

Cuidemos el mejor tesoro del niño: su inteligencia

El mejor tesoro del niño en su inteligencia, tiene un valor incalculable; de ella depende en gran parte su futuro. Todos los niños desde que nacen tienen la capacidad de desarrollar su inteligencia, y lo hacen poco a poco en un proceso continuo, más o menos así: inicialmente el niño comienza a relacionarse con un mundo nuevo al que conocía en el vientre materno, acaba de nacer y tiene que comer, es la mejor forma de entrar en contacto con ese mundo, y desde este momento se inicia el proceso de conocimiento donde se desarrollará paulatinamente su inteligencia.

Primero esto ocurre a través de los reflejos; es decir, de los actos que el niño hace sin proponerse para lograr algo concreto; así es como comienza a comunicarse e interrelacionarse con el pequeño ambiente que lo rodea y lento se entra más y más a ese mundo extraño para él, y trata de descubrirlo y conocerlo a través de las experiencias nuevas y de la actividad que logre desarrollar para retener y transformar esas experiencias. De esta forma cada día descubre un poco más ese nuevo mundo.

Este proceso le permite conocer mejor las cosas que lo rodean, explora continuamente el medio ambiente en el que se encuentra y se torna cada vez más interesante. El niño resuelve así cada día problemas más complejos y desarrolla más su inteligencia. En otras palabras, su inteligencia se construye a través de las experiencias que tenga con el mundo que lo rodea. El juego es una de las formas como los niños conocen y se interrelacionan; de ahí que el juego permite un estímulo para el desarrollo cognitivo.

La inteligencia le permite que cada vez que encuentre un problema no sólo pueda resolverlo, sino además obtener el mismo resultado por distintos caminos; como por ejemplo, puede conseguir alimento llorando para que la mamá le dé el pecho, o gesticulando, y así comienza a relacionar los actos que realiza y los vuelve intencionales para repetirlos siempre que desee (llora cada vez que tiene hambre porque sabe que le dan alimento). Así progresa cada día más el desarrollo de su inteligencia.

En una etapa posterior de este desarrollo intelectual del niño y de la exploración del mundo, en un proceso de conocer todos los objetos nuevos, empieza a actuar razonablemente y entiende que puede lograr algunas cosas, según la actividad que desarrolle. En este proceso la madre desempeña una función muy importante para que el niño progrese normalmente; ella es el estímulo para que avance.

El niño tiene enemigos que pueden interrumpir este desarrollo feliz; el más peligroso de éstos es la desnutrición, ésta le impide al niño comunicarse con el mundo que lo rodea y lograr conocerlo en su totalidad; por tanto, si se le alimenta en pequeñas proporciones el niño se desnutre y nunca quiere explorar, permanece triste, y como su inteligencia depende de este conocimiento, no podrá desarrollarse normalmente.

Sobra decir que un niño desnutrido nunca será inteligente, no podrá resolver problemas fácilmente y cuando llegue a la escuela no podrá aprender lo que le enseñan. La desnutrición que sufrió cuando pequeño, ahora se lo impide.

La madre puede ayudar para que al niño no le suceda esto; si lo alimenta bien, especialmente con la leche materna, y cuida de su salud, el niño no sufrirá de desnutrición y podrá aprender. También puede ayudarlo en otra forma muy importante y es estimulándolo a jugar y a explorar el mundo, es decir, a que conozca las cosas que lo rodean, y a resolver problemas sencillos que poco a poco pueden ser más complicados, o sea, estimulándolo psicológicamente para que su inteligencia se desarrolle mejor.

La inteligencia es el mejor tesoro del niño y si se la protegemos con una buena nutrición y una buena estimulación psicológica, la desarrollará normalmente y será un niño inteligente y feliz.

EL NIÑO SE COMUNICA

(EL NIÑO ENTRE LOS 6 Y 7 MESES DE EDAD)

Objetivos

Queremos que el niño aprenda muchas cosas, pero no es necesario apurarse demasiado. No todos los niños aprenden con igual rapidez. Cada niño es diferente. Unos aprenden más rápido una cosa y otros aprenden más rápido otras. Nunca se debe comparar o avergonzar a un niño frente a los progresos de otros niños. Ningún tipo de presión se debe hacer sobre el niño y menos la represión. El niño aprende fácilmente cuando está preparado para hacerlo, cuando es estimulado con sonrisas y caricias, cuando es aprobado y obtiene satisfacción por los logros alcanzados. Al niño le gusta aprender; sólo debe ser orientado y estimulado para hacerlo.

A continuación enumeramos algunos casos que se deben fijar como objetivos para esta etapa de la vida infantil:

1. Estimular el desarrollo de la motricidad fina en el niño de manera que éste sea capaz de realizar actividades, tales como:
   - Sosteniendo un cubo en una mano, acercar otro
   - Tomar dos objetos, uno en cada mano
   - Pasar un objeto de una mano a otra
   - Recoger objetos colocados frente a él
   - Recoger un poco de comida y llevársela a la boca
   - Tirar de un cordel
   - Golpear objetos contra una superficie
   - Golpear un objeto con una mano mientras lo sostiene con la otra
   - Sacar un objeto de un recipiente
   - Tomar con los dedos pulgar e índice objetos pequeños.

2. Estimular en el niño el desarrollo motor, de tal manera que éste pueda realizar actividades, tales como:
   - Realizar movimientos de pies y brazos tratando de mover el cuerpo

- Beber de la taza con ayuda
- Sostenerse sobre manos y rodillas

3. Estimular en el niño el desarrollo visual, de tal manera que éste sea capaz:
   - Seguir el movimiento de un objeto que cae verticalmente (arriba, abajo)

4. Estimular en el niño el desarrollo social, de tal manera que éste pueda:
   - Reaccionar emitiendo sonidos cuando una persona le habla
   - Reaccionar cuando un adulto se mueve fuera de su campo visual
   - Jugar con su imagen en el espejo
   - Jugar con los adultos

5. Estimular en el niño el desarrollo del lenguaje, de tal manera que éste pueda realizar actividades, tales como:
   - Emitir sílabas

6. Estimular en el niño, el desarrollo de conductas complejas, de tal manera que pueda manifestar conductas de búsqueda, tales como:
   - Encontrar un objeto escondido parcialmente.

Con un grupo de actividades diseñadas, siguiendo pautas preestablecidas se debe llegar a las siguientes destrezas con el niño:

1. Realizar actividades de motricidad fina, tales como:
   - Sosteniendo un cubo en una mano acercar otro
   - Tomar dos objetos, uno en cada mano
   - Pasar un objeto de una mano a otra
   - Recoger objetos colocados frente a él
   - Recoger un poco de comida y llevársela a la boca
   - Tirar de un cordel
   - Golpear objetos contra una superficie
   - Golpear un objeto con una mano mientras lo sostiene con la otra
   - Sacar un objeto de un recipiente
   - Tomar con los dedos pulgar e índice objetos pequeños

2. Efectuar acciones motoras, de tal manera que pueda:
   - Realizar movimientos de pies y brazos, tratando de mover el cuerpo
   - Beber de la taza con ayuda
   - Sostenerse sobre manos y rodillas.

3. Desarrollar la visión, de tal manera que pueda:
   - Seguir el movimiento de un objeto que cae verticalmente (arriba, abajo).

4. Manifestar conductas sociales, tales como:
   - Reaccionar cuando un adulto se mueve fuera de su campo visual
   - Reaccionar emitiendo sonidos cuando una persona le habla
   - Jugar con su imagen en un espejo
   - Jugar con los adultos.

5. Expresarse verbalmente, de tal manera que pueda:
   - Emitir sílabas.

6. Desarrollar conductas complejas de búsqueda, de tal manera que pueda:
   - Encontrar un objeto escondido parcialmente
   - Cuando el niño llore acuda a su cama; así él descubrirá poco a poco la manera de llamar su atención cuando la necesita (quiera compañía, tenga hambre o esté mojado). Alce al niño cuando le extienda los brazos y consiéntalo; de este modo él descubrirá la forma de ser alzado y acariciado.
   - Cuando el niño tenga un juguete en la mano sin interesarse en él, pídale que se lo entregue tendiéndole la mano, si lo hace prémielo dándole las gracias, devolviéndoselo o entregándole otro juguete que sea de su interés.
   - Cuando el bebé suelte un objeto que tiene en las manos, muéstrele dónde cayó y conduzca su mano hasta alcanzarlo, más tarde permita que él mismo lo busque primero con la vista y después con la mano; cuando lo agarre hágale expresiones de aprobación.
   - Cuando el niño esté en brazos de otra persona escóndase y

aparezca nuevamente, utilizando a la persona que sostiene al niño como pantalla para esconderse. Cada vez que el niño la vea, juegue con él riéndole y hablándole.

- Acueste al niño y agite un sonajero a su espalda, llámelo, háblele, cante para que él al tratar de buscar al sonido se dé vuelta hasta encontrarla a usted o al sonajero. Prémielo cuando lo logre. Haga que el niño primero se voltee de un lado hasta la línea media y después hasta el otro lado. Juegue a imitar gestos: arrugar la nariz, aplaudir, levantar los brazos.

- Tome a su hijo en brazos y muéstrele una revista o cuento, nombrándole dibujos conocidos: "mamá, niño, gato..."

- Sería bueno para el niño que pudiera jugar en un corral algunos ratos durante el día, siempre y cuando coloque en el corral objetos y juguetes que el niño se interese en manipular, usted dispondrá así de ese rato para trabajar tranquila.

- Ayúdelo a pararse apoyándose en sillas, camas o algún mueble.

- Recuerde que es importante que el niño conozca y se haga amigo de otras personas. No es necesario que sea la mamá quien le dé siempre la comida, a veces puede hacerlo el papá, un hermano, la abuelita, un familiar. Esto le ayudará a ir reconociendo a distintas personas y a desconocer cuando está con extraños.

- Haga que el niño gatee. Coloque un juguete de su interés al otro lado de un obstáculo (almohada, bloque), de modo que obliguen al niño a pasar sobre él o gatear a su alrededor para alcanzarlo.

- Si su niño rechaza algún alimento no lo obligue a comerlo, suspéndaselo e intente dárselo otro día, si lo rechaza no se preocupe y cámbieselo por otro alimento dentro del mismo grupo. Un niño que come bien y de un momento a otro rechaza la comida, posiblemente es porque está indispuesto; déjelo tranquilo hasta que quiera volver a comer. Además de la alimentación que le ha estado dando al niño, déle pedacitos de pan, tostadas o arepa. Su niño a esta edad, puede comer un huevo entero ya sea tibio o cocido.

- No olvide preparar higiénicamente los alimentos; no dé al niño comidas alteradas o que ya haya preparado desde mucho tiempo antes, agrias o fermentadas.

- Todo lo que utilice para el bebé debe estar limpio. Tanto las ropas que se le colocan como el lugar en donde él se encuentra deben estar libres de basuras, moscos y otros insectos, pues estos animales transmiten enfermedades peligrosas para la salud del niño.

- Tenga en cuenta que la deshidratación no es una enfermedad, es un síntoma casi siempre de gastroenteritis, infección que provoca la pérdida de líquido y minerales por diarrea y vómito. Si esto ocurre, lleve a su niño rápidamente al médico y siga las instrucciones que éste le indique.

- La diarrea y las enfermedades respiratorias son males que se presentan especialmente en los niños menores de 2 años de edad y ponen en peligro su vida.

- Recuerde que la diarrea en niños pequeños puede ser funesta y llevarlos a la muerte. Por eso las debe prevenir con mucha higiene en la casa y teniendo cuidados con el niño.

- Igualmente, la alimentación de pecho es uno de los medios prácticos de prevenir la diarrea, especialmente si el niño es pequeño.

La diarrea la causan los microbios que están en los alimentos sucios, en las cosas sucias y en la tierra; se eliminan hirviéndolos o lavándolos, y evitando que el niño consuma tierra se previene cualquier infección microbiana.

- Un niño no debe dejar de recibir alimento por más de 12 horas, se desnutre fácilmente y se pone en peligro su vida.

Las enfermedades respiratorias más graves se presentan frecuentemente en niños desnutridos menores de 2 años.

- Si el niño está mojado, cámbielo de ropa rápidamente y si hay personas con gripa o tos, procure que el niño esté lejos de ellas y que éstas no se le acerquen mientras no se mejoran.

- No abrigue al niño demasiado. El niño necesita libertad de movimientos, y además, el exceso de ropa lo acalora mucho y se corre el peligro de que se resfríe al desvestirlo.

EL NIÑO SE DESCUBRE A SI MISMO

(EL NIÑO ENTRE LOS 7 Y 8 MESES DE EDAD)

Objetivos

Uno de los objetivos durante esta etapa es ofrecerle oportunidad al niño para que desarrolle las diferentes áreas cognitivas adecuadamente; así conoce los elementos afectivos y de conservación de la salud que le aseguren un desarrollo armónico y un futuro mejor.

Hay que tener en cuenta los siguientes aspectos:

1. Estimular el desarrollo de la habilidad manipulativa en el niño, de manera que éste sea capaz de realizar actividades, tales como:
   - Sostener objetos medianos en sus manos durante un largo tiempo.

2. Estimular en el niño el desarrollo motor, de tal manera que éste pueda realizar actividades, tales como:
   - Sostenerse en pie cuando lo toman de las manos
   - Permanecer firmemente sentado sin apoyo
   - En posición sentado sostenerse con las manos
   - Sentado al inclinarse hacia adelante recobrar su posición anterior.

3. Estimular en el niño la capacidad visual, de tal manera que éste sea capaz de:
   - Seguir con la mirada la trayectoria de una bolita que sale de una botella.

4. Estimular al niño en el desarrollo social, de tal manera que éste pueda reaccionar ante una persona familiar.

5. Estimular en el niño el desarrollo de conductas complejas de tipo imitativo, de tal manera que éste pueda realizar actividades, tales como imitar la acción de sacudir un objeto.

6. Preparar los alimentos de su hijo, considerando los requerimientos nutritivos del niño a esta edad.

7. En caso de suspensión de la lactancia, iniciar la adaptación del niño a esta edad.

8. Proteger al niño contra los accidentes.

9. Mantener limpios los juguetes que usa el bebé.

Se espera que al finalizar este mes el niño realice algunos de los siguientes logros:

1. Sostener objetos en sus manos durante largo tiempo.

2. Efectuar acciones motoras, tales como:
   - Sostenerse en pie cuando lo toman de las manos
   - Permanecer firmemente sentado sin apoyo
   - En posición sentado sostenerse con las manos
   - Sentado al inclinarse hacia adelante, recobrar su posición anterior.

3. Desarrollo de la visión:
   - Seguir con la mirada la trayectoria de una bolita que sale de una botella.

4. Conductas sociales:
   - Reaccionar ante una persona familiar.

5. Desarrollar conductas complejas de tipo imitativo, tales como:
   - Imitar la acción de sacudir un objeto
   - Sacar un objeto de un recipiente
   - Tomar con los dedos pulgar e índice objetos pequeños.

Es importante que su hijo tenga objetos diferentes para jugar, tales como envases, cucharas, tapas, trapos, éstos deben ser de materiales, tamaños y colores diferentes y también deben producir distintos ruidos. Guarde en una caja especial las cosas que a su hijo le sirven de juguete.

El niño aprende tocando y manipulando los objetos, no le dé objetos muy pequeños y resbalosos, (botones, bolas, ganchos,) porque podría tragárselos.

Aunque su hijo es aún muy pequeño, tiene gustos propios y variables, a veces quiere jugar con algo, otras veces no y es necesario aceptar esto, respetando las características individuales del niño.

A esta edad, a su hijo le gustará meter unos objetos dentro de otros; usted puede ayudarle a su hijo jugando con él:

- Abra algunos hoyos a la tapa de una caja de zapatos, amárrela bien para que quede como una alcancía en la que el niño pueda meter cosas.
- Regálele un teléfono de juguete para que pueda hacer girar el disco metiendo el dedo en los hoyos del disco de marcar; si usted no puede comprar el juguete, hágale uno; imitando el disco principalmente.

Antes de bañar al niño puede hacer ejercicios; por ejemplo, sentar el niño en la cama ponerse frente a él tomándole los pies y levantándoselos suavemente; así, el niño ira perdiendo el equilibrio y hará esfuerzos para mantenerse sentado. Finalmente, se dejará caer de espaldas. Usted puede convertir este ejercicio en un juego para el niño si le sonríe mientras lo hace, le dice cosas divertidas, se ríe ante los movimientos del niño y lo mueve con suavidad.

Siente al niño en la cama nuevamente, empújelo suavemente hacia un lado, lo mismo hacia el otro lado; también sosténgalo en pie, tomándolo de las manos.

Déjelo unos 5 minutos desnudo o con poca ropa, con libertad para moverse, patalear, rodar encima de la cama, sentarse, inclinarse hacia adelante, acostarse o darse vuelta por sus propios medios.

Nómbrele en forma apropiada las partes del cuerpo que le va tocando; cuando le toque la mano, dígale *mano*, cuando le toque el pie dígale *pie,* y así sucesivamente.

Ponga algunos objetos limpios dentro del agua del baño (tacita de plástico, corcho de tapa de algún tarro, esponja, etc.) y deje que el niño juegue con ellos mientras lo baña.

Haga todo lo posible por estar tranquila y sentirse cómoda en el momento en que va a alimentar a su hijo. Si usted está nerviosa, apurada, el niño se dará cuenta y se podrá poner nervioso; si se pone nervioso llorará y no podrá comer bien, usted se enojará porque no come y empezará la "batalla de las comidas" que puede repetirse todos los días.

En vez de una batalla, lo que su hijo necesita es un rato de tranquilidad para comer y "conversar" con la mamá. Si usted está tranquila, el niño también lo estará. Si usted lo premia cuando come bien, aprenderá a comer bien, así usted podrá disfrutar al darle el alimento a su hijo, conversando con él, sonriéndole; podrá irse dando cuenta de todas las cosas que ha aprendido: tomar agua de un vaso, comer con cuchara, repetir sonidos... Cuando le dé tetero deje que él mismo lo sostenga en sus manos.

Repita frecuentemente aquellos juegos o actividades de que disfruta más su hijo; también repita las actividades menos fáciles para él.

Ofrézcale al niño dos recipientes redondos de diferentes tamaños, permítale explorarlos e indíquele cómo introducir uno entre otro.

Déle al niño un cono de cartón sobre una superficie plana, y una vez que lo haya explorado, si por su propia acción no lo ha rodado, hágalo rodar en forma circular, después deje que el niño accione el juguete libremente. Como variación puede darle al niño una bola o un cascabel e insinuarle que lo introduzca dentro del cono y hacerlo salir para que observe la trayectoria.

Sáquelo a pasear, llévelo a reuniones familiares, a las visitas, enséñele el nombre de cada persona que conoce.

Ofrézcale al niño un cono o embudo, échele granos de maíz o frijol, de tal forma que él vea cuando caen dentro del cono y salen por el orificio inferior. Anímelo para que él trate de hacer lo mismo.

Preséntele al niño un juguete, que ruede fácilmente (carro, carreta, cilindro, hoja) sobre una superficie plana; cuando él tenga centrado su interés en el juguete, permítale que lo siga con la vista. Ruédelo después hacia él para que intente cogerlo.

Cuando el niño esté interesado en un juguete, páselo por un túnel hecho de cartón, de tal forma que el niño pueda apreciar la desaparición y aparición del objeto. Cuando el niño está gateando, coloque un juguete de su interés al otro lado de un obstáculo (almohada, bloque), que lo obligue a pasar sobre él o gatear a su alrededor para alcanzarlo.

DESCUBRIENDO EL MUNDO

(EL NIÑO ENTRE LOS 8 Y 9 MESES DE EDAD)

Objetivos

En este mes el interés debe estar dirigido a desarrollar todas las potencialidades del niño en las diferentes áreas de su aprendizaje. Una orientación sobre lo que debe realizar el niño y cómo ayudarle es que usted se interese en este material. El propósito es darle oportunidades al niño para que él pueda aprovechar mejor sus propias experiencias.

El interés de esta unidad se identifica en las siguientes actividades:

1. Estimular el desarrollo de la motricidad fina en el niño, de manera que éste pueda:
   - Dejar un objeto para tomar otro
   - Mover una campanilla para hacerla sonar.

2. Estimular en el niño el desarrollo motor, de tal manera que éste pueda realizar actividades, tales como:
   - Recorrer distancias cortas gateando
   - Alcanzar un objeto rotando el cuerpo y el tronco, siguiendo una trayectoria circular.

3. Estimular en el niño el desarrollo social, de tal manera que éste

pueda distinguir personas desconocidas, presentando conductas, tales como:
- Llorar cuando pasa de manos familiares a manos desconocidas.

4. Estimular en el niño el desarrollo de conductas complejas de tipo conceptual, de tal manera que éste pueda:
    - Señalar una bolita que se encuentra dentro de una botella.

5. Seleccionar los alimentos del bebé, teniendo en cuenta los valores nutritivos de los mismos.

6. Comprender la importancia que tienen el aseo y la limpieza de todas las partes del cuerpo del niño, para evitarle enfermedades que alteren su salud.

Al analizar este mes se busca que el niño pueda obtener algunos de los siguientes logros:

1. Realizar actividades manipulativas, tales como:
    - Dejar un objeto para tomar otro
    - Mover una campanilla para hacerla sonar.

2. Efectuar acciones motoras, tales como:
    - Recorrer distancias cortas gateando
    - Alcanzar un objeto rotando el cuerpo y el tronco, siguiendo una trayectoria circular.

3. Distinguir personas familiares de personas desconocidas, presentando conductas, tales como:
    - Llorar cuando pasa de manos familiares a manos desconocidas.

4. Desarrollar conductas complejas de tipo conceptual de tal manera que pueda:
    - Señalar una bolita que está dentro de una botella.

5. Realizar intentos para comer solo.

6. Iniciar el aprendizaje de consumir los alimentos en la mesa con toda la familia.

7. Al finalizar este mes, el niño deberá presentar un cuadro de salud satisfactorio y tener el peso adecuado para su talla y edad.

Algunos padres que piensan que si se le da demasiado cariño al niño se lo malcría. Es bueno que aprendamos cómo hay que darle cariño sin sobreprotegerlo, para que esto no suceda.

Si usted abraza a su niño y lo besa después de decirle una palabra nueva, no lo está malcriando; al contrario, usted lo está premiando por hacer las cosas bien. Si el niño aprende cosas nuevas y sus padres no le demuestran que están contentos por sus logros, pierde el entusiasmo por aprender y hacer cosas bien. Lo que los papás no deben hacer es premiarlo cuando se porta mal; por ejemplo, si se le da un dulce después de no haber comido el alimento, se le estará dando un premio por no comer.

Si se le demuestra cariño después de haberle pegado a su hermanito, entonces se le estará premiando por ser peleador. El cariño es importante para el niño, pero no se le debe dar nunca al niño inmediatamente después de haber hecho algo indebido.

Ocasionalmente, la mamá le da una orden al niño, pero éste no le hace caso; ella se da por vencida y deja que él haga lo que quiera; sobre esto conviene recordarle a la mamá que esto no es bueno para el niño. Si la madre le inspira autoridad, él se sentirá más seguro y tranquilo respecto a las exigencias; si sabe que hay que hacerlas, y de nada le servirá protestar, llorar o recurrir a otra persona.

A esta edad el niño debe aprender a hacer cosas por su propia cuenta; por ejemplo, tomar la cuchara y tomar un vaso. Pásele un pedacito de pan o plátano para que coma solo.

Coloque al niño sobre una alfombra o tapete, con ropa y encima ponga cojines o almohadas para que él se arrastre sobre ellas en la forma que desee (siga las indicaciones del mes anterior).

El desarrollo intelectual del niño a esta edad debe ser estimulado con actividades, tales como las siguientes:

Pásele bolsas, carteras y envases que se abran de distintas maneras (amarres, broches, botones); coloque algo dentro de ellos que al niño le guste y anímelo para que los abra solo. Ofrezca al niño un frasco con tapa de rosca no muy ajustada para que trate de destaparlo y taparlo.

En el comercio venden un juguete que es muy bueno para esta edad; consiste en un palo en el cual se pueden ensartar argollas de distintos tamaños; usted puede construir uno haciendo las argollas de harina de trigo.

Amarre un cordel a una cuchara y deje la cuchara de manera que el niño no la pueda alcanzar con la mano. Pásele el cordel para que lo tire y alcance la cuchara. Repita esto varias veces. Coloque un objeto cerca del niño, pero de manera que él tenga que cambiar la posición para alcanzarlo (pararse, gatear, dar vueltas). Repita lo mismo varias veces cambiando el objeto de posición.

Coloque un objeto que le guste al niño en la parte más lejana de un pañal, y anímelo para que tire el pañal y alcance el objeto.

Estimule al niño para que se pare afirmándose en algo o alguien.

Sujételo para que dé pasitos.

Produzca ruidos diferentes con un objeto (piso, tambor, puerta, radio)... Imite estos ruidos repetidas veces con su voz para motivar al niño a hacerlo también.

Ahora el niño no se limita a repetir o reproducir los resultados interesantes descubiertos por casualidad. Busca obtener las mismas cosas por diferentes caminos. Comienza a distinguir entre medios y fines: sabe que diferentes acciones pueden producir el mismo resultado. Comienza a ubicar las cosas que están a su alrededor, empieza a situarse entre las cosas y sabe que cualquier objeto le puede servir para jugar.

No olvide que a esta edad puede empezar a comer solo. Para ello póngale, en un plato de plástico, una cantidad de alimento; no se preocupe si lo bota o lo derrama.

Cuando le dé al niño un pedacito de carne no se lo dé para chupar solamente, pártaselo en pedacitos pequeños, así él se lo podrá tragar sin atorarse.

Si la hora de comida de la familia es demasiado tarde y el niño demuestra hambre y mal humor por esto, déle los alimentos primero que a todos la comida. Si el horario es adecuado para el niño, es bueno que coma con la familia. Acérquelo a la mesa para que participe de la reunión familiar. Póngale, por ejemplo, un pedacito de pan o galletas para que se entretenga. En esta fase es prudente eliminar de la casa o del patio cualquier objeto que pueda lastimar al niño.

Durante el primer año de la vida, por lo general, aparece en la piel del niño un brote que si se descuida se convierte en eccema, y muchas veces es peligroso. Este eccema está formado por pápulas, que al romperse dan salida a una secreción viscosa, la cual va formando costras amarillentas.

El tratamiento del eccema infantil corresponde al médico. Evite aplicarle al niño ungüentos o pomadas sin prescripción médica, porque muchas veces éstas aumentan la reacción alérgica.

Recuerde que el conducto auditivo externo puede ser afectado por eccemas u hongos. Los problemas infecciosos son causados por diversos microbios, algunos muy resistentes al tratamiento. Evite limpiar el oído de su bebé con palitos o fósforos. Para hacerlo, emplee sólo los remedios que el médico le formule. Utilice copitos de algodón esterilizados en agua hirviendo.

EL NIÑO CRECE

(EL NIÑO ENTRE LOS 9 Y 10 MESES DE EDAD)

Objetivos

Durante esta etapa de la vida, el niño se incorpora cada día más a la familia, y su desarrollo motor es más rápido; sus logros son más identificables y durante este mes se presentan alternativas para estimularle al niño los éxitos en su desarrollo físico y mental. Por eso los objetivos son coherentes con este propósito:

a. Estimular en el niño el desarrollo motor de tal manera que éste pueda realizar actividades como:
    - Estando sentado pasar a la posición boca abajo
    - Levantarse y sostenerse de pie agarrado
    - Dar algunos pasos sostenido por el adulto.

b. Estimular en el niño el desarrollo social, de manera que éste realice actividades, tales como:
    - Extender los brazos hacia un adulto conocido.

c. Desarrollar en el niño, conductas complejas tipo conceptual y de búsqueda, de tal manera que él pueda
    - Diferenciar entre la cabeza y el cuerpo de un objeto
    - Retirar un obstáculo o alterar su posición para restablecer su visión.

d. Preparar el alimento del bebé en forma higiénica, atractiva y apropiada a sus requerimientos alimenticios.

e. Mantener en perfecta limpieza tanto los pisos como los objetos que estén en relación directa con el bebé.

Al finalizar este mes el niño podrá realizar algunas de estas actividades:

a. Efectuar acciones motoras, tales como:
   - Estando sentado pasar a la posición boca abajo
   - Levantarse y sostenerse de pie agarrado
   - Dar algunos pasos sostenido por el adulto.

b. Presentar conductas sociales, tales como:
   - Extender los brazos hacia un adulto conocido.

c. Desarrollar conductas complejas de tipo conceptual y de búsque-
   da, de tal manera que pueda:
   - Diferenciar entre la cabeza y el cuerpo de un objeto
   - Retirar un obstáculo o alterar su posición para restablecer su
     visión.

Al finalizar este mes, el niño deberá presentar un cuadro de salud
satisfactorio y tener el peso adecuado para su talla y edad.

A esta edad, el niño tiene una gran curiosidad y le gusta tomar
las cosas que le llaman la atención; se lleva cosas a la boca, tira el
cordón de la plancha, toma los vasos, etc. No sabe que chupar
ciertas cosas hace daño, que algunas cosas se echan a perder
cuando se caen, que los vasos se rompen al botarlos. Si el niño
hace daño no hay que enojarse ni reprenderlo por eso. Para su
sano desarrollo infantil es normal y es bueno que sea curioso.
Antes de dejarlo solo, es necesario procurar que el niño no tenga
a su alcance cosas que le puedan causar daño o que él las pueda
romper y herirse al jugar. Se le debe alejar de los obstáculos de
vidrio y de los tomacorrientes, para evitarle accidentes o peligros.

Algunos padres, para evitar las consecuencias de la activa curiosidad del niño, lo dejan en la cuna, en un corral o en una caja la
mayor parte del tiempo. Esta conducta bloquea la tendencia natural
del niño a explorar el medio. Un niño que a los 10 meses no se deja
mover y curiosear, es como a un niño de 10 años a quien se le impide
ir a la escuela.

Los adultos tienden a sentirse complacidos cuando el niño es *'tranquilo*, casi no se mueve o no molesta. El niño que no se mueve, que no explora, no aprende. Pero si el niño es muy quieto y pasa mucho tiempo sin hacer nada, es una señal para que los padres se preocupen y consulten a un especialista.

Cuando mude al niño déjelo desnudo unos minutos y permítale conocer su cuerpo, sentirlo, tocarlo, verlo, disfrutarlo. Déjelo jugar libremente con su cuerpo: pedalear, patalear, voltearse, tocarse los genitales, tomar los pies, golpearse el estómago, mirarse las manos. A medida que se toca las distintas partes de su cuerpo, debe aprovechar para decirle cómo se llaman... "mano"... "cabeza"... "pie"... " el otro pie"...

Coloque migas de pan sobre la mesa y estimule a su niño a que las agarre con los dedos índice y pulgar; muéstrele el tetero y espere que él estire sus bracitos para alcanzarlo. Luego extienda usted la mano y pídale al niño algo que él tenga en las suyas: *Dame la cuchara... Dame el tetero...* Si el niño no lo hace, enséñele cómo hacerlo y después dígale: *Muy bien... Muchas gracias...*

Envuelva la cuchara del niño en un papel o servilleta y pásesela a él para que él se la desenvuelva a usted.

Favorezca y premie a su niño por todos los intentos de pararse y caminar. Se le puede ayudar tomándolo por debajo de los brazos, si todavía le cuesta mucho afirmarse, o dejándole apoyarse en sillas o muebles; escoja algún objeto que le guste al niño y amárrele un cordelito; luego muéstrele cómo tirando el cordel se mueve el objeto. Los cordeles de los juguetes deben ser cortos para evitar accidentes.

Haga usted movimientos que el niño ya sabe hacer y trate de que los imite; por ejemplo, arrugue la nariz, celebrándole al niño si la imita; también sacar la lengua, levantar las manos, repetir sonidos, etc.

Recuerde que no es bueno que el niño esté solo mucho tiempo durante el día. Póngalo en algún lugar desde donde él pueda presenciar las actividades suyas y las de otras personas de la familia; por ejemplo, que la vea y la escuche a usted cuando lava la ropa o cuando lava los platos, cuando prepara la comida, cuando tiende las camas.

Todos los alimentos nuevos que usted le dé al niño debe suministrárselos primero en pequeñas cantidades y luego írselas aumentando paulatinamente.

Nunca hierva los jugos porque con este proceso se destruyen las vitaminas y su niño las necesita para el crecimiento.

Déle leche materna a su niño, fresca, por lo menos durante un año.

Prepare siempre los alimentos para dárselos al niño; las comidas trasnochadas o pasadas no son convenientes para su salud.

Mantenga perfectamente limpios todos los utensilios que usted use para prepararle y darle la comida a su niño.

Como el niño gatea es necesario mantener en perfecto estado de limpieza los pisos y los lugares por los cuales se pasea el bebé; de esta manera se le evitan las infecciones y enfermedades que le ponen en peligro la salud.

EL NIÑO CUMPLE UN AÑO DE VIDA

(EL NIÑO ENTRE LOS 11 Y 12 MESES DE EDAD)

Objetivos

Al finalizar el mes, el niño tendrá un año de vida y estará integrado social y afectivamente a la familia. Esta etapa es claramente identificada por los adultos sin embargo, el niño continúa su crecimiento físico y mental, y se le debe estimular especialmente el área motora.

a. Estimularle al niño el desarrollo motor, de tal manera que éste pueda realizar actividades, tales como:
   - Pararse y agacharse sosteniéndose de una barandilla
   - Trepar sobre manos y rodillas a un nivel superior
   - Golpear un objeto que se le coloque cerca del pie
   - Gatear de un nivel alto a uno bajo
   - Gatear con un objeto en la mano.

b. Estimularle al niño el desarrollo de las habilidades manipulativas, de manera que éste sea capaz de realizar actividades, tales como:
   - Rasgar un papel
   - Recoger el biberón cuando se le cae
   - Juntar las manos para aplaudir.

c. Estimularle al niño el desarrollo social, de tal manera que éste realice actividades, tales como:
   - Reaccionar ante la presencia de otros niños.

d. Estimularle al niño el desarrollo auditivo, de tal manera que éste pueda:
   - Responder físicamente a la música.

e. Estimularle al niño el desarrollo verbal, de tal manera que éste pueda:
   - Imitar sílabas
   - Emitir palabras de dos (2) o más sílabas.

f. Estimularle al niño el desarrollo de conductas complejas de tipo seguimiento de instrucciones, imitación, búsqueda y conceptualización, de tal manera que éste pueda:
   - Seguir instrucciones dadas a través de gestos del adulto
   - Imitar a un adulto en acción de aplaudir
   - Imitar la acción de frotarse los ojos
   - Voltear la cabeza o el cuerpo, dando una vuelta parcial o total, buscando un objeto que se ha hecho girar circularmente.

g. Proporcionarle al niño una dieta balanceada.

h. Prevenir al niño de infecciones, manteniendo limpios el hogar y todos los utensilios empleados en su limpieza y alimentación.

Al finalizar el mes, el niño será capaz de:

a. Efectuar acciones motoras que le permitan:
   - Pararse y agacharse sosteniéndose de una barandilla
   - Trepar sobre manos y rodillas a un nivel superior
   - Golpear un objeto que se le coloca delante del pie
   - Gatear de un nivel alto a un nivel bajo
   - Gatear con un objeto en la mano.

b. Realizar actividades de manipulación, tales como:
   - Rasgar el papel
   - Recoger el biberón cuando se le cae
   - Juntar las manos para aplaudir.

c. Presentar conductas de tipo social, tales como:
   - Reaccionar ante la presencia de otros niños.

d. Presentar conductas de tipo percepción auditiva, tales como:
   - Imitar sílabas
   - Emitir palabras de dos (2) o más sílabas.

e. Desarrollar conductas complejas de tipo seguimiento de instrucciones, imitación y búsqueda, de tal manera que éste pueda:
   - Seguir las instrucciones que se le den a través de los gestos de un adulto
   - Imitar a un adulto en acción de aplaudir
   - Imitar la acción de frotarse los ojos
   - Voltear la cabeza o el cuerpo, dando una vuelta parcial o total buscando un objeto que se ha hecho girar circularmente.

f. Girar totalmente integrado a la dieta familiar.

Al finalizar este mes, el niño deberá presentar un cuadro de salud satisfactorio y tener el peso adecuado para su talla y edad.

Como ya se ha expuesto, la curiosidad es importante para el desarrollo del niño. Algunos papás no entienden esto, y dicen que hay que castigar al niño cuando *hace daños*. Le pegan o le gritan *no* tantas veces que el niño empieza a sentir miedo, y aunque experimente curiosidad por conocer algo, no se acercará por miedo de que lo castiguen.

Esta es una de las maneras como los padres, sin quererlo, les impiden a sus hijos desarrollar la inteligencia. En lugar de estimularles la curiosidad se oponen a ello. El castigo hace que el niño le tome miedo a las cosas y también a las personas que lo castigan. Sentirá que cuando le pegan o le gritan es porque no lo quieren; el niño tampoco podrá sentir cariño por una persona que lo castiga frecuentemente. Una de las cosas más graves que puede sucederle a un niño es sentir que los padres no lo quieren o que él no puede quererlos.

El castigo no es la mejor manera de educar a un niño; por esto es importante saber que él aprende más con premios que con castigos.

A la gente grande le pasa lo mismo. Así, por ejemplo, si usted es puntual en su trabajo y por eso le dan un sueldo extra, usted va a luchar más por seguir siendo puntual.

Los niños, igual que la gente, tratan de repetir las actividades por las cuales reciben premios, elogios, atención, cariño, objetos, etc.

Si un niño hace algo y la mamá lo premia, tratará de volver a hacerlo.

Ahora que su hijo va a cumplir un año, repasemos todo lo que hemos aprendido hasta aquí

1. Para que el niño se desarrolle normalmente, los padres deben preocuparse de mantenerlo sano, bien alimentado, así como estimular su inteligencia y la expresión de sus emociones.

2. Un niño debe aprender muchas cosas en su primer año de vida, pero no hay que forzarlo exigiéndole que aprenda lo que todavía a su edad no puede hacer.

3. Los niños son diferentes, unos aprenden a hablar más pronto que otros y eso es normal, dentro de ciertos límites. Cuando la mayor parte de los niños hacen algo que su hijo no logra hacer, por ejemplo, sentarse, no debe incomodar al niño forzándolo, sino consultar a un especialista.

Empiece ahora a enseñarle al niño a mostrar las partes del cuerpo que usted le nombre. Dígale: *Muéstrame tu pie*, *Este es tu pie*, lo mismo con otras partes de su cuerpo.

Si el niño toca o muestra objetos, dígale su nombre.

Déjelo que tome agua o leche en un vaso. Recuerde que el vaso por si se le cae, debe ser irrompible.

Deje migajas de pan encima de la mesa y pídale a su niño que las vaya echando en una taza.

Cómprele a su niño una muñeca de plástico barata. Si no dispone de dinero puede hacerle una de trapo, no importa que su niño sea hombrecito. Enséñele las distintas partes del cuerpo, tales como: los ojos, la nariz y la boca.

Otro juguete con el cual su niño gozará y aprenderá muchas cosas son los cubos de madera, procure que el niño haga con ellos cosas, como: golpearlos, tirarlos, meterlos en una bolsa, sacarlos, ponerlos en fila, hacer torres.

Recuerde que a esta edad es importante que su niño se ejercite para caminar; hágalo andar tomándolo de las manos, déjelo andar apoyándose en los muebles; déjelo aprender a pararse.

A esta edad su niño ya come de todo lo que comen los mayores, y se le debe integrar a la dieta familiar así como al lugar donde se reúne toda la familia para consumir los alimentos.

Los objetos frágiles deben estar retirados o fuera de su alcance, al menos hasta que tenga un poco más de 2 años de edad.

Mantenga siempre en perfecta limpieza las manos de su bebé, de esta manera le evitará que se enferme o contraiga infecciones.

Si desea un niño sano, tenga en cuenta las observaciones hechas sobre el mantenimiento y la salud infantil. Si tiene una duda consulte al médico.

CONOCIENDO SU AMBIENTE

(EL NIÑO ENTRE LOS 12 Y 18 MESES DE EDAD)

Objetivos

En esta etapa el niño se caracteriza por realizar el descubrimiento de nuevos medios; a través de la experimentación el niño explora el mundo, y puede repetir a voluntad las acciones buscando variaciones en ellas. Aquí aparece el verdadero raciocinio del niño, ya que es capaz de comprender las secuencias de un evento sin tener que repetirlo en su totalidad y conocer las relaciones entre los diferentes objetos; el niño juega a repetir conductas aprendidas.

El niño es capaz de pensar y resolver problemas; antes actuaba para ver qué sucedía, ahora lo hace conscientemente razonando, su acción y trata de modificar los resultados obtenidos por casualidad. Disfruta realizando muchas actividades con un mismo objeto, en diferentes situaciones, para observar los resultados. En esta etapa, la familia puede ayudarle al niño estimulándolo a jugar, sacándolo a pasear para que observe diferentes situaciones, dándole objetos para que juegue y, ante la aparición del lenguaje, su pensamiento se irá ampliando, ya no como un simple sonido sino como elemento de comunicación.

El interés de esta unidad está dirigido a las siguientes actividades:

a. Estimular en el niño el desarrollo motor, de tal manera que éste pueda realizar las siguientes actividades en forma ascendente:
- Pararse solo
- Dar pasos apoyado o caminar solo .
- Subir escaleras gateando
- Entre 15 y 17 meses subir a una silla pequeña
- Lanzar pelotas (15 a 17 mes)
- Correr lentamente (15 a 17 meses).

b. Estimular al niño en el desarrollo social, de tal manera que éste pueda realizar algunas de las siguientes actividades:
- Indicar deseos
- Ayudar cuando lo desvisten
- Tratar de vestirse solo
- Conocer su cuerpo en algunas partes
- Ser capaz de tomar el vaso y la cuchara
- Seguir al ritmo de la música
- Reír ante personas conocidas
- Inquietarse ante personas extrañas.

c. Estimular al niño en el desarrollo del lenguaje, de modo que éste pueda:
- Utilizar palabras de su propia invención para comunicarse
- Imitar sonidos de animales
- Entender y ejecutar órdenes sencillas.

d. Enseñar al niño algunas conductas de adaptación motora fina, tales como:
- Hacer torres hasta dos cubos
- Introducir y sacar objetos de una caja
- Ser capaz de pasar hojas de un libro
- Arrastrar los juguetes
- Pintar garabatos.

Al finalizar este mes, se busca que el niño pueda obtener los siguientes logros:

- Muéstrele al niño objetos que llamen su atención y arrojemos un poco lejos, para que trate de recuperarlos, al comienzo a través del gateo; luego insista en que camine para alcanzarlos.
- Deje al niño una pelota o una bomba inflada para que juegue con ella; cuando se escape de sus manos debe ir tras el objeto. Láncele la bola para que la patee con su pie, primero apoyado y luego sin apoyo, así aprenderá a tener equilibrio y caminará más pronto.
- Arroje objetos atractivos a los pies del niño, y pídale que se agache y los coja; esto para que guarde el equilibrio que poco a poco le ayudará a caminar más rápidamente.
- Déle al niño un carro o automóvil de juguete para que lo arrastre mientras camina.

a. Jugar repetitivamente con los objetos para que explore y observe sus características.

b. Aprenda a resolver problemas nuevos que no se le presentan en el juego y conozca los diferentes efectos de las acciones.

c. Realizar actividades manipulativas como:
   - Manejar la cuchara y sujetar un vaso
   - Pasar hojas de un libro
   - Sacar objetos de un cajón.

d. Realizar actividades motoras:
   - Correr tambaleándose
   - Caminar solo.

e. Conocer y reír ante personas conocidas.

f. Conocer algunas partes de su cuerpo.

Al finalizar este mes, el niño debe tener un cuadro de salud satisfactorio y haber completado sus dosis de vacunación.

- Debe tomar al niño de las manos cuando esté parado, y ayudarlo para que dé unos pasos tirando suavemente de él.
- Muéstrele al niño, estando él de pie, un objeto para que trate de

alcanzarlo, luego vaya desplazándolo para que el niño camine hacia él. No olvide entregárselo al final. Puede hacer que el niño se apoye en una cama y mostrarle el objeto moviéndolo alrededor de él para que su desplazamiento sea con apoyo.

- Tome al niño de la mano y camine con él; poco a poco suelte la presión que ejerce sobre su mano.

- Tomando al niño de una mano, motívelo para buscar objetos.

- Dejando al niño de pie, apoyado sobre una silla o cama, llámelo cariñosamente para que vaya hacia usted; estire sus brazos para darle más seguridad y cuando lo logre ofrézcale mucho cariño. Retire la silla cada vez un poco para ir ganando más espacio y seguridad.

- Déle un juguete amarrado a una cuerda para que lo arrastre mientras camina.

- Coloque varios asientos en fila y encima de ellos ubique un objeto llamativo para el niño, insístale que lo recoja, uno a uno; esto le ayudará a desplazarse y le dará seguridad; puede retirar cada vez más las sillas.

- Muéstrele al niño diferentes objetos y dígale: *Esto es una mesa*, etc.; insista en que el niño repita las palabras.

- Nómbrele diferentes partes del cuerpo, señalando cada una con el dedo. Dígale: *Estos son los ojos*, y trate de que el niño los identifique. Dígale: *Muéstrame la nariz, las orejas... tus ojos;* si lo hace consiéntalo, y en caso de que no lo realice llévele las manos a los ojos, la nariz, las orejas y dígale: *Tus ojos, tu nariz, tus orejas.*

- Dígale adiós al niño con la mano y vocalice adiós para que él repita el significado y el símbolo de esta palabra.

- Mientras le pone la ropa, describa en voz alta la acción: *Los zapatos, ahora ponemos el vestido, dame tu mano.*

- Señálele diferentes objetos del medio ambiente y dígale: *Esta es la pelota, éste es el perro, muéstrame dónde está la pelota,* trate de que el niño señale los objetos y se desplace hasta ellos.

- Ofrézcale objetos y deje que él trate siempre de alcanzarlos; no olvide mencionarle el nombre de cada uno de ellos para que él los solicite.

- Cuando el niño está realizando alguna acción satisfactoria y quiera continuarla, pregúntele si quiere *más*, para que poco a poco entienda su significado, haga que lo repita y lo asocie a diferentes acciones; por ejemplo, la comida, el juego; pronto el niño comprenderá su significado y podrá ayudarle a decir *no más*, de la misma manera como entendió su primer significado.
- Frente a un espejo, pregúntele al niño quien aparece en la imagen: ¿Es tu mamá? ¿Quién es ése? ¡Este eres tú! ¿Tú eres Camilo?, ¿Tú eres Francisco?, ¿Tú eres Zamir? Trate de que el niño identifique en el espejo a las personas por su nombre, para que se identifique a sí mismo.
- Muéstrele fotografías de objetos y/o personas, e insístale para que identifique quiénes son, por su nombre.
- Déle al niño una muñeca y pregúntele: *¿Dónde están los ojos, dónde está la boca? Muéstrame el pelo y las manos.* Cuando el niño logre hacerlo, pregúntele sobre sus ojos, su boca, su nariz o sobre las mismas partes de su mamá, así aprenderá a identificar la misma región anatómica en diferentes objetivos.
- Déle órdenes para que identifique la función de algunos órganos anatómicos:
  Abre la boca, cierra las manos, cierra los ojos, y dele órdenes sencillas: *Párate, siéntate, tráeme la pelota.*
- En una foto señálele la mamá o el papá o el hermanito y dígale: *Dale un beso a tú mamá, dale un beso a tu hermanito.* Luego trate de que haga lo mismo con la persona física.
- Cuando el niño pronuncia algunas palabras incompletas, repítaselas completamente e insístale en que las pronuncie bien y completas.
- Déle órdenes sencillas y poco a poco aumente su complejidad: *Esto es una pelota, deja la pelota en la mesa, dale un beso a tu papá, toma la pelota y dásela a Juan;* ayude a que el niño ejecute las órdenes.
- A través de canciones o ejercicios fáciles puede enseñarle al niño algunas palabras relacionadas con la ubicación de los objetos: *arriba las manos, abajo las manos; haga* que el niño imite los movimientos para que entienda el significado de ellas. A tra-

vés de rimas que el niño vaya aprendiendo se le facilita algunas veces la ejecución de las acciones.

Así como es importante estimular la parte motriz del niño, también su lenguaje y su inteligencia son fundamentales en esta etapa del desarrollo; es difícil ejecutar una sola acción y difícil esperar que el niño responda tal como nosotros queremos; por eso se ofrecen múltiples actividades para darle inventiva a las personas que manejan al niño.

- Produzca diferentes sonidos con su boca y procure que el niño los imite; lleve a su niño a la calle y muéstrele los objetos, con su nombre, y pídale que los repita; pídale adicionar algunos adjetivos como: *Este es un carro grande éste es un carro pequeño.*
- Siempre que el niño se exprese señalando con el dedo o con la mímica, insístale que utilice su lenguaje oral, pronúnciele las palabras claras y concretas para que él las imite.
- Siempre utilice muchas palabras para dirigirse a su niño; su pronunciación debe ser clara: así el niño aprenderá a hacerlo de igual manera y utilizará cada día más vocabulario.
- Cuando el niño tenga calor déle agua para que juegue con ella, déjelo que disfrute todo lo que quiera.
- Cuando lo bañe deje que él mismo arroje el agua, tal como él quiera, arrójele usted un poco de agua para que trate de imitarla; juegue con él durante el baño.
- Cuando lo seque, lo peine y lo vista, permítale que le ayude; menciónele las acciones y deje que observe cómo lo hace usted.
- Déle al niño objetos que produzcan sonido para que descubra dónde están, y trate de buscar la procedencia del sonido.
- Amarre diferentes objetos a diferentes cuerdas, y deje que el niño hale de ellos para que pueda identificar cada uno al desplazarlos.
- Coloque algunos objetos en situaciones difíciles para que el niño los alcance, sin que esto amerite riesgo para él, y trate de que logre alcanzarlos; este esfuerzo le ayudará mucho.
- Deje algunos alimentos agradables al niño, de modo que a él se le dificulte su adquisición; déjelo que se esfuerce e insístale a que él lo haga.

- Esconda un objeto debajo de algún cajón o tarro para que el niño lo encuentre. Muéstreselo primero y escóndalo en su presencia, luego pregúntele dónde está la pelota, para que él la localice; cuando logre encontrarlo esconda el objeto dentro de la caja, cuidando de que existe otra vacía para que el niño logre discriminar y averigüe dónde está el objeto.

- Desplace el objeto primero a una caja, luego a otra y a una tercera si lo quiere, para que el niño juegue a su descubrimiento.

- Juegue con el niño a descubrir un objeto escondido en sus manos, muéstrele un objeto y cierre la mano, luego muéstrele las dos manos para que el niño logre encontrarlo; abra lentamente la mano y páselo a la otra procurando que el niño se dé cuenta de la acción; ínstelo a que la vuelva a buscar.

- Enséñele a divertirse con el *Juego de las escondidas*. Escóndase usted, y llámelo para que la busque, detrás de una puerta, debajo de las cobijas, y cuando la encuentre, celébrelo cariñosamente.

- Deje caer un objeto por entre algún tubo de cartón o cualquier otro material para que el niño identifique la entrada del objeto y su salida por el otro extremo. Al comienzo no comprenderá, pero luego anticipará la salida del objeto del extremo opuesto por donde se introdujo.

- Muéstrele un objeto atractivo y guárdelo en una caja, cerrándola a la vista del niño y anímelo para que lo encuentre.

- Déle al niño una caja que tenga orificios de diferentes figuras y las figuras correspondientes a los mismos orificios para que el niño las introduzca en cada uno de éstos. Al comienzo le costará algo de trabajo pero luego lo hará con mayor velocidad y satisfacción. En las jugueterías se encuentran varios modelos similares.

- Déle al niño un palo y esconda un objeto debajo de la cama para que él trate de alcanzarlo.

- Consiga una caja de cartón o madera grande sin tapa, en donde usted pueda esconderse en repetidas oportunidades; éste es un juego que le gustará mucho al niño. Luego cambie y haga que él se esconda.

- Siempre llame al niño por su nombre: *Camilo, Francisco, Zamir.*
- Pídale al niño que alcance diferentes objetos ubicados en distintos lugares.
- Juéguele con algún objeto y déjelo *olvidado* en algún lugar, para que un rato después usted se lo solicite al niño, para que él lo recuerde, lo busque y lo ubique en el lugar en donde lo dejó tiempo atrás olvidado.
- Dé un golpe sobre la mesa y dígale al niño que lo repita, luego dé dos golpes sobre diferentes superficies.
- Déle órdenes secuenciales al niño y que correspondan a varias acciones; por ejemplo: *Ve al patio, trae la pelota y ponla en la mesa, recoge la muñeca y ponla en la cama.*
- Enséñele objetos y pídale sus nombres. Dibuje los mismos objetos y pídale que los identifique.
- Muéstrele al niño una vela prendida para que la sople y la apague; hágalo varias veces con alegría.
- Cuando bañe al niño déle una esponja para que ésta se llene de agua y el niño al manipularla vea cómo se escurre. Deje que el niño abra la llave del agua. Insístale para que la cierre; lo mismo puede hacer con el interruptor de la luz, teniendo mucho cuidado.
- Préstele una linterna y enséñele a accionarla; este juego le encantará al niño.
- Siempre que el niño coma, es importante que lo haga sentado en la mesa como lo hacen los adultos para que aprenda por imitación.
- Déle al niño lápiz y papel para que pinte lo que él quiera.
- Realice diferentes tipos de acciones, como lavarse los dientes, jabonarse, etc., para que el niño la imite.
- Déle al niño un platón con agua y juguetes de caucho, para que los sumerja en el agua y juegue con ellos.
- Déle plastilina al niño y déjelo que haga lo que quiera; por ejemplo, bolitas; encierre otros objetos y anímelo a que le dé nombre a lo que hace.
- Anime a su niño para que imite acciones de terceros. Construya un títere y anímelo para que éste imite diferentes situaciones;

deje que el niño lo tome y juegue con él. Más tarde él le pedirá que usted haga lo mismo.

- Ofrézcale al niño objetos redondos, angulares como bolas y cubos para que explore sus características.
- Esconda un juguete dentro de un papel o tela y pídale al niño que lo localice; de esta manera tendrá que descubrirlo.
- Permita que el niño toque los objetos que están en su pieza y sepa para qué sirven, aunque no lo comprenda totalmente; deje que juegue con el radio, las revistas y la ropa de su alrededor.
- Ofrézcale al niño bloques de madera de diferentes colores y formas, y deje que este juegue como quiera.
- Ofrézcale al niño objetos pequeños de igual forma, pero de diferentes tamaños y que encajen entre ellos, para el niño trate de introducir uno dentro de otro; así aprenderá a diferenciar sus tamaños.
- Déle al niño diferentes objetos de distinto tamaño, y anímelo a que construya pequeñas imaginaciones; por ejemplo: *Esta es una casa, un carro, un avión.*
- Ofrézcale al niño crayolas, lápices y papel para que pinte, y muéstrele cómo hacerlo para que la imite a usted.
- Déle al niño un balde con arena y una pala o cuchara para que pase la arena de un lugar a otro; juegue con la arena y conozca su textura, construya montañas y casas. La arena debe ser limpia, evite que los animales, como los gatos, jueguen en la arena.
- Ofrézcale al niño cajas con orificios de diferentes figuras, redondas, cuadradas y las fichas de la misma figura, para que las introduzca por el orificio correspondiente a cada una.
- Ofrézcale al niño bolsos que se puedan abrir y cerrar con cremallera o botones, para que introduzca objetos por el orificio correspondiente.
- Ofrézcale al niño bolsos que se puedan abrir y cerrar con cremallera o botones, para que el niño los abra y saque los objetos, y pídale que los guarde nuevamente.
- Déle al niño su ropa, camisas, pantalones para que aprenda a desabotonar y abotonarlos poco a poco; así cuando los use podrá hacerlo solo.

- Muéstrele al niño diferentes libros de colores y permítale que los toque; dígale las figuras por su nombre y trate de que él las identifique e imagine algo de su funcionamiento: *Esto es un carro y hace rum. rum. "¿Dónde está el carro? ¿Cómo hace el carro?*
- Además de estas actividades que usted ha realizado con el niño, hay que cuidar de otras acciones importantes, porque el niño es aún indefenso y de usted depende que él conozca mejor su mundo.

El niño duerme toda la noche; si a él le da miedo y se despierta llorando, debe calmarlo para darle seguridad, y mirar siempre si se encuentra bien cubierto. Evite objetos y ropa peligrosa, como ganchos y ropa que le cubra hasta el cuello. Si el niño llora por la noche es porque está mojado o tiene frío; cuide siempre de protegerlo; también procure que el niño no utilice ni juegue con objetos peligrosos. El niño sabe obedecer en esta edad y aprende a tener control sobre sí mismo; hay que darle algunas reglas de comportamiento, pero no exigirle lo que no puede hacer. Si comete algún error y usted quiere corregirlo, debe hacerlo inmediatamente y no dejarlo para después, porque el niño no entenderá. También se le debe demostrar satisfacción por su buen comportamiento, y sobre todo cuidarlo y no dejarlo cerca de balcones o de ventanas abiertas.

EL NIÑO CUMPLE DOS AÑOS DE EDAD

(EL NIÑO ENTRE LOS 18 Y 24 MESES DE EDAD)

Objetivos

En esta etapa de desarrollo sensoriomotor, llamada por Piaget, estadio cognitivo de *Invención de nuevos medios a través de combinaciones mentales, el* niño no tantea como en etapas anteriores sino que actúa con conocimiento de causa y/o efecto; prevé los resultados antes de actuar, identifica un problema, los resuelve en su mente y desempeña una función y en esa actuación inventa diferentes tipos de respuesta, de acuerdo con la cantidad de esquemas construidos que tiene en la mente, ya que los reorganiza para evocarlos en su momento apropiado; es capaz de ligar varias acciones coordinadas y sucesivas para lograr un efecto final.

El niño puede representar objetos y acciones sin necesidad de que estén presentes; se presenta en él una imitación diferida de personas y objetos y puede representar al papá o a un gato, sin que el objeto esté presente. A través del juego puede imaginar situaciones simbólicamente, y diseña soluciones en su mente antes de actuar; el juego simbólico pasa a ser cada día más complejo.

Para el niño, el espacio en donde se mueve es como un elemento inmóvil, en donde él se desplaza; entiende que si se le arroja una pelota puede ir a buscarla desplazándose en línea recta o en línea curva, sin que esto desplace el objeto y así construye relaciones de conjunto (sobre, fuera, delante, detrás, debajo).

Del mismo modo, él también se hace temporal o conceptúa primero y mentalmente comprende el pasado y el devenir, recordando lo sucedido.

Las causas y los efectos están diferenciados y siempre ante un efecto, se busca una causa; si, por ejemplo, está sentado sobre algún objeto y si éste se mueve, buscará qué o quién produjo el movimiento.

El interés de esta unidad está en determinar algunas actividades enunciadas a continuación:

a. Estimular al niño en su desarrollo motor, de tal manera que pueda realizar las diferentes actividades, que son:
  - Subir y bajar escaleras, primero gateando y luego caminando con apoyo
  - Manipular objetos y armar rompecabezas sencillos - Correr y saltar en el piso - Utilizar bien la cuchara.

b. Estimular al niño en el desarrollo social, de tal manera que pueda realizar las siguientes actividades:
  - Ayudar a vestirse y desvestirse solo

- Integrarse socialmente a un ambiente
- Conocer todas las partes de su cuerpo
- Interesarse por la música

c. Estimular al niño en el desarrollo del lenguaje, para que pueda:
- Articular frases cortas y complejas
- Aumentar su conducta comunicativa y se interese por el lenguaje
- Entablar pequeñas conversaciones

Al finalizar este mes, se espera que el niño pueda obtener los siguientes logros:

a. Ayudar a vestirse y desvestirse solo

b. Identificar claramente las causas y los efectos

c. Practicar el juego simbólico

d. Realizar actividades como:
- Correr y saltar
- Subir y bajar escaleras
- Caminar solo

e. Conocer las partes de su cuerpo

Actividades

- Coloque al niño frente a las escaleras, y en posición de gateo empújelo suavemente para que suba el primer escalón; si no lo hace muéstrele cómo hacerlo; él la imitará.
- Coloque diferentes objetos, algunos escalones arriba, para que el niño pueda verlos y trate de alcanzarlos; si lo logra ofrézcale alguna compensación.
- Cuando haya aprendido a subir algunos escalones, pídale que regrese sosteniéndolo al comienzo; poco a poco, aprenderá a subir sin dificultad; no olvide que debe vigilarlo para evitarle accidentes; nunca lo deje solo: puede ser peligroso.
- Coloque un palo a baja altura para que el niño pase por encima o por debajo; primero gateando y luego parado dígale: *Pase por encima, pase por debajo.*

- Saque al niño a la calle y ayúdele a subir los andenes tomado de la mano. Al comienzo notará inseguridad; súbale primero uno de sus pies y luego insista en que suba el otro hasta que aprenda; haga lo mismo en una escalera, poco a poco cogerá seguridad y querrá subirlas solo; déjelo, pero siempre vigílelo; no olvide que puede ser peligroso dejarlo solo.
- Una vez que el niño pueda hacerlo con su ayuda, insístale que lo haga solo o apoyado en el pasamanos; procure que nunca se caiga aunque no se haga daño.
- Insista en que el niño se suba y se baje de la cama por sus propios medios, prémielo cuando lo logre.
- Déle a su niño un palo largo para que aprenda a jugar al caballito.
- Ofrézcale a su niño una pelota para que la ruede por el suelo, arrojándola primero con sus dos manos y luego con una sola: *A la derecha, a la izquierda, atrás adelante, hacia arriba abajo.* Póngase cerca a sus pies para que la patee en diferentes direcciones.
- Pídale a su niño que marche a diferentes velocidades; primero lento, luego más rápido y trate de correr.
- Anímelo a que corra y juegue con él diciéndole: *A que te conozco te voy a coger;* corra detrás de él, y más tarde permita que él lo haga en su busca.
- Utilice diferentes objetos y arrójelos lejos del niño para que él corra tras ellos.
- Trate de que el niño aprenda a saltar; primero que intente con los dos pies, que se empine, que dé brincos pequeños.
- Coja al niño, déle la mano y dé usted pequeños brincos con él asido de la mano; él la imitará y jugará satisfactoriamente.
- Coloque a su niño en una acera o en un escalón para estimularlo a saltar. Prémielo cuando lo haga; no olvide cuidarlo mucho mientras salta.
- Permítale a su niño que abroche y desabroche, abotone y desabotone diferentes prendas de vestir, y cuando lo haga déjelo solo; ayúdelo cuando sea necesario, pero déle oportunidad de ayudarse aunque lo haga mal.

- No olvide darle a su niño crayola, lápiz y papel para que le pinte lo que quiera y con la mano que quiera. La mayoría de los niños usan la mano derecha pero otros lo hacen con la izquierda; no insista en que utilice la mano que usted quiera; al comienzo, usualmente tratará de utilizar las dos manos y luego preferirá una.
- Continúe dándole plastilina, cera o masa para que la amase y/o construya pequeños objetos.
- Hágale juguetes de plastilina y enséñele a que los construya, primero grandes y luego pequeños.
- Haga bolitas de plastilina, pequeñas para que el niño las tome con sus dedos y desarrolle cada vez más movimientos finos y de precisión.
- Déle a su niño papel para que lo arrugue y forme una bola; después déle trozos más pequeños y ejercite su motricidad fina.
- Enséñele a su niño a rasgar papel, primero con una hoja de periódico grande y cada vez más pequeña, o viceversa.
- Cómprele revistas y cuentos de colores para que pase las hojas una a una y conozca y vea las ilustraciones correspondientes.
- Déle a su niño objetos de madera cuadrados o redondos, con un orificio central, para que con un cordel los inserte; trate de que lo repita varias veces y varíe el tamaño de los objetos y el orificio.
- Cuando le dé de comer al niño, ofrézcale una cuchara para que la tome en su mano y deje que él trate de tomar sus alimentos solo. Al comienzo derramará la comida, pero luego tendrá más precisión en su movimiento.
- Enséñele a su niño a darle alimento a sus muñecos, siempre utilizando una cuchara o una taza.
- Déle pequeñas porciones para que él las pueda tomar con la cuchara y anímelo a comer solo.

No olvide que el lenguaje es muy importante en esta etapa de la vida infantil, y que el adulto influye decisivamente para que el niño adquiera nuevas palabras.

- Cuando el niño solicite algo, enséñele a que lo pida o solicite por su nombre y que construya pequeñas frases; al comienzo dirá *Agua*, luego *Quiero agua*. Usted debe insistirle que complete las frases y pronuncie totalmente las palabras; si el niño dice *tete*, insístale que diga tetero.

- Continúe mostrándole láminas para que identifique los objetos animados; si ve un gato y dice *miau,* insístale y dígale *Es un gato que hace miau.*

- Cuando su niño pronuncia frases a media lengua, repítaselas vocalizándolas usted correctamente para que él lo haga de nuevo.

- No deje que su niño utilice frases o palabras incompletas ni que identifique objetos solamente por su sonido o por alguna cualidad; enséñele siempre a utilizar su lenguaje correctamente y siempre diga la frase completa, aunque el niño no la pueda decir o no la pronuncie.

- Cuando el niño está comiendo, enséñele a que diga: *quiero más, ya acabé, quiero arroz.*

- Déle a su niño órdenes cada día más complejas; al comienzo le costará trabajo, pero luego las entenderá correctamente. *Trae la pelota, guarda el juguete en el cajón.*

- Si su niño dice *Queo caro*, pronúnciele correctamente *Quiero el carro,* y hágalo así siempre con las frases, o palabras incompletas. No olvide sacar al niño a pasear y mostrarle los objetos que observa en el camino; incluya en sus conversaciones con él a las diferentes personas de la familia para que él las identifique sin que ellas se encuentran en su presencia.

- Cántele al niño rimas y canciones sencillas y cuéntele historias bonitas y de buenas moralejas; asi aumentará su vocabulario.

- Use siempre expresiones de sensaciones y emociones con sus gestos correspondientes, como: *Tengo frío, tengo calor, llanto, risa.*

- Pintando un círculo en el suelo o con un lazo, juegue con su niño a estar adentro o a estar afuera.

- Después de algún paseo, pídale a su niño que le cuente lo que él hizo al salir a la calle.

- Enséñele los colores de las cosas, insístale para que los identifique en diferentes objetos: *¿De qué color es la camisa, de qué color es la pelota?*

Estas son únicamente algunas ideas de cómo ayudarle a usted en el desarrollo del lenguaje de su niño, lo más importante es que usted emplee la creatividad para utilizarlas en el momento oportuno en el que lo necesite.

- Déle a su niño un objeto ensartado en una cuerda cuyo extremo tenga un nudo fácil de deshacer, deje que él manipule el objeto y trate de sacarlo, y así busque el medio de deshacer el nudo.
- Pídale a su niño que transporte algunos objetos de una habitación a otra, unas veces alzándolos otras arrastrándolos.
- Déle a su niño objetos similares de diferente color y pídale que los diferencie por sus colores.
- Déle a su niño diversos objetos, diferenciados por tamaño, forma y color y pídale que los organice según su color, según su tamaño o forma; así identificará los objetos.
- Déle a su niño figuras geométricas, circulares o triangulares y pídale indistintamente alguna de ellas por sus características, si lo logra, felicítelo.
- Pídale a su niño que alcance diferentes objetos que se supone él debe saber dónde están colocados, felicítelo por hacerlo.
- Cuando salga dígale que ya regresa y no se demora, cuéntele a dónde va usted y si se va a demorar poco o mucho.
- Coloque sobre una mesa diferentes objetos y déjeselos ver, después cúbralos con una tela y pídale que le dé el nombre de los objetos que hay debajo; primero inicie con un objeto, luego con dos y así sucesivamente. No olvide felicitarlo, cuando lo logre.
- Muéstrele algunas imágenes y después pídale que recuerde cuáles vio.
- Déle lápiz y papel y pídale que dibuje cualquier objeto.
- Déle cubos de madera y anímelo a que coloque uno encima de otro, los más que él pueda.
- Esconda un objeto en donde el niño lo pueda encontrar y pídale que lo busque. Verbalice dónde lo ha escondido: *La pelota está en mi bolsillo, el sombrero está encima de la mesa, el zapato está debajo de la cama.* Poco a poco el niño entenderá qué quiere decir encima debajo, afuera.
- Si cerca a su casa hay un parque, llévelo allí con frecuencia,

para que él juegue con otros niños, y permítale que se meta entre los objetos que existen para divertirse, como las llantas, y para que aprenda a construir la noción de espacio y conozca si su cuerpo está afuera, adentro, arriba o abajo de algo.

- Haga que el niño trate de tumbar frascos de plástico, pegándoles con una pelota, parado a una corta distancia de ellos; poco a poco haga que arroje la pelota a una distancia cada vez más lejos.

- Cuando salga a pasear con el niño muéstrele diferentes lugares y hágale advertir su cercanía: *la tienda está muy lejos de la casa, el parque está cerca, para llegar al parque hay que cruzar por aquí.*

- Asocie las actividades de su niño con el tiempo: *Hay que acostarse porque está de noche, hay que levantarse porque está de día.*

- Póngale a su niño pequeños problemas y pregúntele su respuesta: *¿Qué pasa si dejo caer la pelota?*

- Enséñele las causas de algunos fenómenos; por ejemplo, si las ramas de un árbol se mueven, cuéntele que es el viento que las hace mover o balancear.

- Enséñele a su niño a conocer su propia sombra y a jugar con ella.

- Enséñele a realizar movimientos con su cuerpo y conocer qué es arriba, abajo, al frente, etc.

- Enséñele a imitar una sensación de frío o de calor.

- Enséñele a conocer movimientos de objetos; por ejemplo, cómo se mueven las ramas de un árbol cuando hace viento, cómo se mueve la boca, etc.

- Enséñele a imitar diferentes acciones y dígale: *vamos a bañarnos,* y que imite las acciones de desvestirse, jabonarse, secarse, peinarse, ponerse los zapatos.

- Pídale a su niño que imite diferentes animales e imite los sonidos de éstos; también enséñele otras imitaciones que él desconoce.

Es importante que durante esta etapa se juegue mucho con el niño, tratando de que cada día sea más complejo, dejando que él desarrolle su inventiva y si quiere hacer cambios déjelo.

- Deje al alcance del niño objetos que no representen peligro para él y hable con ellos; no le pida que haga silencio.
- Déle a su niño oportunidad de escuchar radio y ver televisión y explíquele lo que escucha y ve.

Durante esta etapa el niño duerme durante la noche; trate de leerle cuentos para calmarlo antes de acostarlo, álcelo con frecuencia y háblele con cariño; acompáñelo en la oscuridad y ayúdelo a que pierda el miedo a ella. Acuéstelo cuando lo note fatigado y no le dé objetos que puedan causarle daño o ponerlo en peligro.

Trate de responder siempre sus preguntas y no olvide vigilarlo en la escalera y cuando los pisos estén encerados; si lo lleva en el carro, póngale siempre el cinturón de seguridad y no le permita ir en el asiento de adelante y tampoco parado.

En algunas familias en esta etapa aparece un nuevo hermanito, y el niño puede cambiar el temperamento; déle una temprana explicación del nuevo bebé, para que él lo asuma como algo suyo y para que le ayude a usted a cuidarlo. En este estadio, los padres deben planear un tiempo para dedicarle al niño.

Apéndice

GUIA PARA
EL DESARROLLO DEL NIÑO

GUIA DE DESARROLLO DEL NIÑO
PRIMER MES

AREA	CONDUCTA	ACTIVIDADES
MOTRIZ	- Realiza movimientos reflejos involuntarios en brazos, piernas y manos. - Mantiene las manos empuñadas o levemente abiertas. - Al colocarle un objeto sobre la palma de la mano, cierra los dedos, para tomarlo, pero al retirarle el estímulo los abre, nuevamente (reflejo de prensión). - No tiene control de cabeza, ya que ésta se balancea hacia adelante y hacia atrás. - En posición prona (boca abajo) rota su cabeza hacia un lado. - Si se le toma de las manos para ayudarle a sentarse es capaz de alinear su cabeza con el tronco momentáneamente. - Mientras muda o baña al bebé déjelo mover libremente sus brazos y piernas.	- Póngale un dedo sobre la palma de la mano para que él lo apriete, si no lo hace ayúdelo. - Si le aprieta el dedo hálelo hacia adelante para que él haga fuerza. - Repita el mismo ejercicio con las dos manos. - Tome los brazos con suavidad y muévalos hacia arriba, abajo y crúcelos por encima del pecho. - Ponga al niño en posición supina (boca arriba) tómelo de las manos y hálelo hacia adelante hasta sentarlo y vuélvalo a la posición inicial. Repita esto varias veces. - Acuéstelo en diferentes posiciones. - Cuando lo seque masajee suavemente todo su cuerpo. - Le entusiasma la forma, más que el color, brillo o tamaño de los objetos. - Si los objetos se alejan de su campo visual, los pierde de vista.
ADAPTATIVA	- Se mantiene despierto una hora de cada diez. - Su mirada es vaga e indirecta cuando está despierto. - Sigue un objeto dentro de un campo visual de 90° - Deja de llorar cuando se le toma en brazos. - Espera ser alimentado a intervalos regulares. - Ponga el pezón o chupo en la boca del niño, ya que al tocarlo con la lengua o paladar aprenderá a chupar (reflejo de succión y de deglución).	- Permanezca con el bebé alzado por un rato y háblele suavemente mientras lo acaricia. - Cuide las horas regulares de sueño del niño, pero haga que se acostumbre a dormir con los ruidos habituales de la casa. - Mueva objetos frente al niño para que él los siga con la vista.

AREA	CONDUCTA	ACTIVIDADES
SOCIAL	- Manifiesta agrado y desagrado. - Su horario de actividades cotidianas está muy desordenado. - Fija los ojos en la madre cuando le sonríe.	- Acostúmbrelo a estar con diferentes personas. - Háblele y acariciélo suavemente cuando está con él.
LENGUAJE	- Llora para manifestar sus necesidades. - Hace algunos sonidos guturales. - Responde a la voz.	- Cántele. - Repítale los sonidos *aa, aa, uu, uu.*, etc. - Háblele.

GUIA DE DESARROLLO DEL NIÑO
SEGUNDO MES

AREA	CONDUCTA	ACTIVIDADES
MOTRIZ	- Se sobresalta ante ruidos fuertes (reflejo de Moro). - Mueve brazos y piernas suavemente. - En prona (boca abajo) levanta la cabeza y puede sostenerla por un momento en 45° de extensión. - En supina (boca arriba) mueve su cabeza a los costados. - Mueve voluntariamente sus brazos con dirección a los objetos.	- Recuerde que el niño necesita moverse, si lo envuelve con mucha ropa, no lo deja realizar movimientos que son importantes para su desarrollo. - Permítale permanecer en posición prona (boca abajo) ya que esto le ayudará para el control de cabeza. - Con su ayuda hágalo pasar de la posición supina (boca arriba) a prona (boca abajo). - Cuando esté en posición prona (boca abajo) recorra con su dedo y en forma descendente el trayecto de la columna vertebral; ésto le ayudará a levantar la cabeza y los hombros. - Cuando esté semidesnudo mueva suavemente sus piernas como si pedaleara. - Flexiónele las piernas, llevándole las rodillas hacia el abdomen, sin forzarlo. - Permítale permanecer semisentado apoyado sobre una almohada.
ADAPTATIVA	- Mira detenidamente lo que le rodea. - Gira sus ojos en busca de la luz. - Reacciona con movimientos corporales generalizados y trata de agarrar objetos llamativos. - Asocia conductas con personas (madre-alimento). - Se alarma ante un rostro o una voz. - En visual, prefiere las personas a los objetos.	- Si el tiempo es bueno y hay algún árbol en la casa, coloque al niño debajo de él; le gustará ver cómo se mueven sus hojas. - Coloque en un cordel colgando de su cama, cosas nuevas que él pueda mirar, golpear y chupar. - Tome cualquier objeto que le llame la atención al niño, y muévalo en diferentes direcciones, tratando de que él lo siga con la vista. - Ponga objetos en las manos del niño - Permítale estar acompañándola, mientras usted realiza las labores del hogar.

AREA	CONDUCTA	ACTIVIDADES
SOCIAL	- Puede calmarse chupando - Sonríe - Vocaliza - Su estimulación principal es oral y táctil - Se mantiene despierto por mayor tiempo - Disfruta del baño. - Sigue con la vista el movimiento de las personas	- No olvide conversarle y sonreírle. - Permítale permanecer y ser tomado en brazos por otras personas, vecinos, amigos, hermanos, tías, abuelos.
LENGUAJE	- Los sonidos guturales semejan arrullos - Emite sonidos parecidos a las vocales. - Se interesa por los sonidos.	- Permanezca con el niño y háblele constantemente.

GUIA DE DESARROLLO DEL NIÑO
TERCER MES

AREA	CONDUCTA	ACTIVIDADES
MOTRIZ	- En supina (boca arriba) mantiene la cabeza en línea media. - Realiza movimientos simultáneos simétricos (los 2 brazos o piernas al unísono). - En prona (boca abajo) levanta la cabeza durante 10 segundos. - Se sienta halándolo de las manitas y hay mayor control de cabeza. - Mantiene las manos en extensión (abiertas) - Lleva las 2 manos al frente con movimientos simultáneos pero no logra agarrar el objeto. - Si llega al objeto fleja los puños sin lograr tomarlo.	- Haga un rollo con una toalla, del grueso de una botella. Ponga al niño en prono (boca abajo) con el rollo a la altura del pecho y los brazos por encima del rollo, tomándolo de las caderas empújelo suavemente hacia adelante y hacia atrás. - Coloque sobre su cama objetos que él pueda coger con sus manos. - Colóquele un cascabel en las piernas al niño y anímelo a que las mueva para que suenen.
ADAPTATIVA	- Fija su atención en forma continua. - Se concentra en láminas o juguetes a corta o larga distancia. - Pasa la mirada de un objeto a otro. - Contempla los objetos que tiene en su mano. - Juega en forma simple con un cascabel que tiene en su mano. - Mira objetos colgantes. - Se aburre con sonidos o imágenes repetidas. - Se mira sus pies y sus manos. - Deja de succionar para escuchar. Mira y succiona al mismo tiempo. - Responde a los estímulos en forma generalizada.	- Trate que el niño siga con la mirada los movimientos que usted hace. - Si algo que usted está usando le llama la atención al niño, préstesolo para jugar. - Juegue a las escondidas con el niño. Colóquese usted un pañal limpio sobre su cara para que él trate de quitárselo. Celébrelo cuando él lo logre. - Déle el alimento en diferentes lugares para que vea cosas nuevas. - Permítale manipular objetos de uso cotidiano. - Cuando esté tomando tetero coloque sus manos sobre él con lo cual estimulará el agarre y la percepción táctil de textura y temperatura.

AREA	CONDUCTA	ACTIVIDADES
SOCIAL	- Sonríe espontáneamente. - Disminuye el llanto. - Las expresiones corporales y vocales aumentan. - Reconoce a la madre visualmente. - Vuelve la cabeza hacia sonidos, voces o cantos conocidos. - El estímulo social se hace más importante.	- Sonríale y celébrele las cosas que está aprendiendo. - Cuando el niño esté despierto, trata de que le llamen la atención.
LENGUAJE	- Emite sonidos de vocales o oh, ah, ee. - Lloriquea, gorgorea, da gritos y ríe. - Llora menos. - Escucha voces. - Distingue sonidos del lenguaje.	- Si hace algún sonido repítalo. - Si se ríe, ríase usted. - Juegue a cantar con su niño. - Mientras lo baña y lo viste dígale los nombres de las partes de su cuerpo.

GUIA DE DESARROLLO DEL NIÑO
CUARTO MES

AREA	CONDUCTA	ACTIVIDADES
MOTRIZ	- En supino, mantiene la cabeza en línea media. - Gira la cabeza en todos los sentidos, tanto sentado como acostado. - En prono (boca abajo) levanta la cabeza a 90° de la superficie. - Se mantiene sentado con apoyo durante unos minutos con la cabeza erguida y la espalda recta. - Sostiene contra su cuerpo los objetos. - Ocasionalmente logra tomar un objeto con movimientos simultáneos simétricos de las manos. - Se chupa sus manos y los objetos.	- Muévale sus piernas como si montara en bicicleta. - Coloque al niño en supino (boca arriba) y sujétele las piernas para que le queden estiradas. Ponga su otra mano por debajo de la cabeza del niño y vaya levantándolo suavemente, estimulándolo a que haga fuerza para sentarse. - Coloque una cobija en el suelo y sobre ella coloque al bebé para que se mueva libremente. - Ponga al niño frente a un espejo y juegue con él. - Tiéndase usted boca arriba (supino) y coloque sobre usted al bebé; juéguele y anímelo a enderezarse, haciendo fuerza con sus brazos.
ADAPTATIVA	- Ve en color. - Le llaman la atención los objetos y sus detalles. - Sigue un objeto suspendido. - Busca la fuente de sonido. - Lleva los objetos a la boca para explorarlos. - Agarra un objeto colgante y lo acerca a él. - Se queda mirando al lugar de donde caen los objetos. - Conoce a su madre. - Puede sofreír y vocalizar ante su imagen en el espejo.	- Coloque una cobija en el suelo y encima ponga al niño con algún juguete que le guste y permítale moverse libremente. - Ponga al niño frente a un espejo durante un rato corto para que se mire y realice juegos tales como colocarle un pañal encima de la cara para que él se lo quite. - Coloque al niño en prono (boca abajo) y coloque un sonajero a la altura de las piernas animándolo para que patalee y lo haga sonar. - Cuando deje al niño solo procure dejarle objetos cerca para que se entretenga. - Procure que los objetos no ofrezcan peligro para el niño y que los pueda chupar y morder.

AREA	CONDUCTA	ACTIVIDADES
SOCIAL	- Vocaliza sus estados de ánimo. - Se ríe y protesta cuando se le interrumpe el juego. - Se interesa por su imagen reflejada en el espejo, y sonríe cuando se mira. - Goza cuando lo alzan y lo demuestra. - Manotea el agua cuando lo bañan.	- Sonríale. - Demuéstrele su cariño. - Si ha comido bien, déle como premio un beso. - Cuando su hijo esté solo, procure dejarle algunas cosas cerca para que se entretenga. Objetos que el niño pueda chupar y morder.
LENGUAJE	- Empieza a balbucear y vocaliza los sonidos como sílabas - Al hablarle reacciona con sonrisas y balbuceos. - Vocaliza sus estados placenteros con gritos, gorjeos y risitas. - Se ríe a carcajadas. - Imita variedad de tonos. - Se queda mirando al lugar de donde caen los objetos. - Sonríe y vocaliza ante su imagen en el espejo.	- Sonríale. - Cuando le hable trate de ser expresiva; el niño, aunque no entienda las palabras, irá aprendiendo que la gente habla distinto si está alegre, si está cansada, si tiene pena. Que las palabras sirven para contarles a los demás lo que uno hace y lo que uno siente. - Cántele cualquier canción que a usted le guste.

GUIA DE DESARROLLO DEL NIÑO
QUINTO MES

AREA	CONDUCTA	ACTIVIDADES
MOTRIZ	- En prono (boca abajo) levanta la cabeza y el pecho apoyado sobre los antebrazos. - Lleva los pies a la boca. - Gira de prono (boca abajo) a supino (boca arriba) - Sujeta por las axilas flexiona y extiende sus piernas como tratando de saltar con movimientos alternos. - Se sienta con apoyo con la espalda recta. - Cuando se le toman las manos y se le incita a sentarse, tiende a empujar el cuerpo hacia arriba flejando las piernas. - Toma los objetos con cualquiera de sus manos. - Agarra un objeto colgado con precisión.	- Mientras está en supino (boca arriba) se le deben realizar juegos con sus brazos y piernas, y él intentará sentarse apoyándose en sus dedos. - Colóquelo en prono (boca abajo) y deje delante de él un objeto vistoso para que trate de alcanzarlo, realizando movimientos con brazos y piernas. - Estando usted de pie frente a una mesa, tome al niño parado con la espalda en él tocando el estómago suyo. Afírmelo poniendo una de sus manos a la altura de las rodillas del niño y la otra en el estómago. Inclínelo suavemente hacia adelante, hasta que el niño toque la mesa con las manos. Permítale hacer fuerza apoyándose en los brazos.
ADAPTATIVA	- Mira a su alrededor, explorando el ambiente, cuando la situación es nueva. - Se ayuda con la vista para explorar los objetos. - Quiere tocar, tomar, mover y probar los objetos con la boca. - Se inclina hacia adelante para mirar dónde caen los objetos. - Distingue a sus padres de las personas extrañas. - Toma una cosa y mira otra, bota la primera para coger la segunda. - Trata de mantener los cambios interesantes que él pueda producir en su ambiente, repitiéndolas sin cesar.	- El propio cuerpo es el mejor juguete del niño; permítale jugar con él. - Tome un objeto que al niño le guste, muéstreselo y cuando lo esté mirando, escóndalo lentamente debajo de algo que el niño, pueda levantar. Si lo levanta, celébrele; si no lo busca deje una parte del chupete asomado y muéstrelo. - Deje cerca de él distintos objetos de distintas formas, como son recipientes de plástico, cuchara de palo, botella, plástica, etc. - Póngale música.

AREA	CONDUCTA	ACTIVIDADES
SOCIAL	- Demuestra miedo, disgusto, rabia. - Distingue su propia imagen en el espejo y la de su madre. - Sonríe a las caras y voces de las personas. - Puede distinguir a los adultos conocidos de los desconocidos. - Estira los brazos para que lo alcen. - Deja de llorar cuando se le habla. - Protesta cuando un adulto intenta quitarle un objeto. - Puede empezar a tomar la taza.	- Sería muy bueno sacarlo a pasear, fuera de la casa, una vez al día.
LENGUAJE	- Puede balbucear intencionalmente para llamar la atención. - Observa con interés la boca de la persona que le habla y ensaya los sonidos que escucha. - Responde a los sonidos humanos más claramente, vuelve la cabeza y parece buscar al locutor.	- Si tiene radio, puede ponerle música. - Repita los sonidos que el niño imita. - Dígale el nombre de las cosas y personas que le interesan.

GUIA DE DESARROLLO DEL NIÑO
SEXTO MES

AREA	CONDUCTA	ACTIVIDADES
MOTRIZ	- Mueve libremente, su cabeza. - Se sienta con un mínimo de apoyo y mantiene el equilibrio, pudiendo inclinarse hacia adelante y hacia el lado. - Puede avanzar hacia adelante y hacia atrás, arrastrando el cuerpo. - Intenta ponerse en posición cuadrúpeda. - Toma tetero solo.	- Coloque una frazada en el suelo y haga los siguientes ejercicios: para que haga movimientos de caminar. - Coloque al niño en prono (boca abajo) y déjelo arrastrarse o gatear. - Estando en prono (boca abajo) tómele las piernas y levánteselas completamente del suelo para que camine sobre sus manos. - Llévelo frente a un espejo y déjelo mirarse. - Cámbielo frecuentemente de lugar para que mire distintas cosas.
ADAPTATIVA	- Alcanza con rapidez y precisión algo que busca. - Goza mirando los objetos al revés y creando cambios de perspectiva. - Cambia los objetos de una mano a otra. - Toma una, luego coge el segundo, y después mira el tercero.	- Juegue con él a esconder los objetos de su preferencia. - Deje caer unas llaves para que él siga el recorrido de arriba hacia abajo. - Déjelo sacar del plato, trocitos de comida y llevárselos a la boca. - Pásele una cucharita para que vaya aprendiendo a tomarla. - Si el niño está sentado en la cama, haga rodar una pelota rápidamente hacia él.

AREA	CONDUCTA	ACTIVIDADES
SOCIAL	- Responde a su nombre. - Diferencia su imagen en el espejo. - Sonríe con los niños y trata de acariciarlos, aunque no los conozca. - Grita a los padres cuando necesita ayuda. - Prefiere jugar con otros. - Muestra interés por comer con los dedos. - Tiene gustos definidos.	- Siéntelo con niños de su misma edad, pero no los deje solos. - Juegue con ellos a *toma* y *dame* los juguetes. - Juegue con él frente al espejo.
LENGUAJE	- Las vocales las intercala con más frecuencia con ciertas consonantes, como: f, v, s, sh, m, y n. - Todas las vocalizaciones son aún diferentes del lenguaje maduro, pero controla mejor los sonidos. - Vocaliza el placer y el disgusto.	- Repita los sonidos o gestos que él hace o dice. - Aunque el niño aún no repita, dígale los sonidos de los animales. - Haga sonar un sonajero.

GUIA DE DESARROLLO DEL NIÑO
SEPTIMO MES

AREA	CONDUCTA	ACTIVIDADES
MOTRIZ	- Se sostiene en posición cuadrúpeda balanceando el cuerpo, atrás y adelante. - Coopera cuando lo ayudan a pararse manteniendo los miembros inferiores extendidos. - Sujetado por las axilas, se para equilibrando el peso, da pasos en el mismo lugar y mira sus pies. - Se mantiene sentado sin ningún apoyo. - Toma dos objetos simultáneamente, uno en cada mano. - Coge un cuento entre los dedos y el pulgar.	- Ayúdelo a pararse apoyándose en los muebles. - Déle cuentos gruesos cuyas hojas se puedan manipular, para que él las pase de un lado a otro. - Coloque un objeto llamativo encima de una mesa y estimúlelo para que se pare para tomarlo.
ADAPTATIVA	- Distingue los objetos que están lejos y cerca de él. - Juega vigorosamente con juguetes que hacen ruido. - Busca por un momento el juguete que desaparece. - Puede comenzar a imitar una acción. - Puede asociar la foto de un niño cualquiera con sí mismo. - Se muestra interesado por las consecuencias de su comportamiento. - Comienza a aprender las consecuencias de ciertas acciones. - Pasa los objetos de una mano a otra. - Se interesa por los detalles y fija su atención.	- Quítele un objeto con el cual esté jugando y déjelo cerca para que lo tome. - Juegue con él a imitar gestos como arrugar lana, aplaudir, etc. - Cuando el niño tenga sus dos manos ocupadas, pásele otra cosa que le guste, déjelo que solucione el problema.

AREA	CONDUCTA	ACTIVIDADES
SOCIAL	- Palmotea ante su imagen en el espejo. - Explora su cuerpo y el de otros con manos y boca. - Comienza a mostrar miedo hacia los extraños. - Se interesa por participar en una interacción social. - Se resiste a realizar algo que no desea. - Distingue una voz con tono amistoso y juguetón de otra hostil, malhumorada y enojada. - Mete los dedos en la comida e intenta alimentarse. - Manipula una cuchara y una taza para jugar.	- Saque al niño de paseo. - Permítale permanecer al aire libre para que vea personas y cosas nuevas. - Recuerde que es importante que el niño conozca y haga amistad con otros. - Déjelo alimentarse solo.
LENGUAJE	- Pronuncia sílabas bien definidas: ma-da-di. - Emite varios sonidos antes de respirar nuevamente. - Trata de imitar sonidos. - Escucha sus vocalizaciones y las de los demás.	- Tome al niño en brazos y muéstrele una revista o cuento, nombrándole los dibujos conocidos (mamá- niño- gato, etc.). - Nómbrele las distintas cosas que tiene cerca a la hora de las comidas pronunciadas claramente. - Muéstrele fotos y pregúntele por las personas conocidas. - Enséñele los sonidos que emiten cosas y animales (riin-guau, etc.).

GUIA DE DESARROLLO DEL NIÑO
OCTAVO MES

AREA	CONDUCTA	ACTIVIDADES
MOTRIZ	- Comienza a gatear solo hacia adelante y hacia atrás. - Se toma de un mueble para pararse pero requiere ayuda para sentarse. - Usa el pulgar y el índice como pinzas. - Levanta un cordel del suelo. - Alcanza los objetos con los dedos.	- Permítale gatear libremente. - Coloque algo que le guste para que gatee hasta alcanzarlo. - Siente al niño en la cama y levántele los dos pies, así irá perdiendo el equilibrio pero hará esfuerzo para mantenerse sentado. - Siente al niño en la cama y empújelo suavemente hacia los lados. - Permítale permanecer desnudo sobre una cama y realizar movimientos libres. - Permita que el niño suba las escaleras gateando.
ADAPTATIVA	- Reacciona rápido. - Examina los objetos en sus tres dimensiones reales. - Busca detrás de un biombo un objeto si ha presenciado el momento en que se lo esconden. - Posee un modelo mental para el rostro humano. - Puede intentar tomar y retener tres objetos iguales al mismo tiempo. - Resuelve pequeños problemas, como manotear un juguete que cuelga hasta alcanzarlo o hacer sonar una campana a propósito.	- Permítale jugar con objetos que se puedan meter uno en otro (encajes). - Déjelo marcar el teléfono. - Ponga objetos limpios en la tina y deje que el niño juegue con ellos.

AREA	CONDUCTA	ACTIVIDADES
SOCIAL	- Sonríe palmotea e incluso trata de besar su imagen en el espejo. - Se siente profundamente apegado a su madre. - Teme a los extraños. - Grita para llamar la atención o pedir ayuda. - Empuja fuera las cosas que no desea.	- Pasee al niño en lo posible todos los días al aire libre.
LENGUAJE	- Grita por el placer de oírse. - Emite los más variados sonidos y entonaciones. - Comienza a imitar movimientos de la boca o quijada. - Responde ante estímulos familiares como: a su nombre o al teléfono.	- Cántele canciones acompañadas de gestos que él pueda imitar. - Nómbrele las partes del cuerpo que le va tocando. - Dígale los nombres de los alimentos usando la palabra correcta y pronunciándola diariamente.

GUIA DE DESARROLLO DEL NIÑO
NOVENO MES

AREA	CONDUCTA	ACTIVIDADES
MOTRIZ	- Gatea, puede darse vuelta. - Sube escaleras gateando. - Camina de lado, apoyándose en los muebles y se suelta sólo para caer nuevamente. - Se sienta en una silla. - Se sienta solo durante todo el tiempo que desee. - Agarra los cordones de los zapatos con el pulgar y el índice. - Golpea dos objetos, uno contra otro en la línea media de su cuerpo. - Apunta con el dedo índice.	- El niño debe tener un espacio seguro donde pueda moverse. - Estimule al niño para que se pare apoyándose de los muebles. - Sujételo de las dos manos para que dé pasitos. - Coloque un objeto cerca del niño, pero de manera que tenga que cambiar de posición para alcanzarlo (pararse, gatear, darse vuelta). - Ponga al niño encima de la cama, con poca ropa, y déjelo libremente.
ADAPTATIVA	- Teme a la altura. - Reconoce la dimensión de los objetos. - Alcanza un objeto pequeño con el pulgar y el índice, y los objetos más grandes con ambas manos. - Destapa el juguete que vio esconder bajo una manta. - Puede recordar un juego del día anterior. - Anticipa la recompensa a una acción exitosa.	- Permítale hacer cosas por su cuenta, tomar la cuchara, tomar un vaso, etc. - Colóquele juegos de ensartado consistentes en un palo para ensartar argollas de diferentes tamaños. - Déle bolsas, carteras y envases que se abran de diferente manera (amarre, broche, botón), coloque dentro algo que le guste al niño y anímelo para que lo abra. - Colocar un objeto que le guste en la punta más lejana de un pañal; anime al niño para que tire el pañal y alcance el objeto.

AREA	CONDUCTA	ACTIVIDADES
SOCIAL	- Percibe a la madre como una persona aparte. - Se da cuenta con anticipación cuando la madre viene a darle de comer. - Repite una acción si lo aplauden. - Busca llamar la atención de las personas que lo rodean. - Puede disputar con otro niño un juguete que le pertenece. - Puede ser más sensible ante otros niños y llorar si ellos lloran. - Muestra interés en los juegos de los demás. - Come galletas solo.	- Déjele hacer sus cosas independientemente. - Pásele un pedacito de pan o plátano para que coma solo. - Permítale permanecer con otros niños de su edad y con adultos.
LENGUAJE	- Imita la tos, un silbido a algún juego con la lengua. - Pronuncia secuencias de sílabas en forma repetida. - Escucha las conversaciones. - Puede comprender y responder a una o dos palabras. - Dice *no* con la cabeza.	- Háblele constantemente, nómbrele los objetos que utiliza y prémiele cada vez que logre algo. - Pregúntele cómo se llaman los objetos que usa cotidianamente y motívelo para que emita sonidos. - Cuéntele un cuento corto con personajes conocidos (mamá, papá, gato, etc.).

GUIA DE DESARROLLO DEL NIÑO
DECIMO MES

AREA	CONDUCTA	ACTIVIDADES
MOTRIZ	- Gatea con habilidad - Se para con poco apoyo. - Camina si lo toman de ambas manos. - Estando de pie, se sienta. - Puede llevar dos objetos pequeños en una mano. - Tira de un objeto amarrado a un cordel. - Puede diferenciar el uso de sus manos.	- Cuando lo mude o bañe, permítale permanecer desnudo un rato, para que pueda sentir, tocar y ver su cuerpo. - Premie todos los intentos del niño por pararse y caminar. - Permítale desplazarse gateando. Si no lo hace, colóquelo en prono (boca abajo) en el suelo con un juguete delante de él para estimularlo a moverse. - Coloque un cojín delante del niño y muéstrele su juguete favorito detrás de él; déjelo intentar pasar por encima del cojín para alcanzar el juguete.
ADAPTATIVA	- Sabe lo que está cerca y lejos de él. - Individualiza los objetos e investiga sus propiedades, los lanza, los muerde, los mira, los hace sonar. - Apunta, gatea, toca y rebusca con el dedo índice. - Imita cada vez más conductas, intenta jabonarse cuando lo bañan, da de comer a otros cuando come. - Empieza a mostrar preferencia por un lado del cuerpo. - Prueba nuevas formas de lograr un objetivo. - Empareja los bloques de juego. - Alcanza los juguetes hacia atrás sin mirar.	- Coloque migas de pan sobre la mesa y estimule al niño a que las tome con los dedos. - Muéstrele el tetero y espere a que el niño estire sus brazos para alcanzarlo. - Ponga un plato de comida, cubierto con una tapa frente al niño y estimúlelo para que lo destape. - Esconda, ante la vista del niño, un objeto dentro de una caja o tarro y estimúlelo para que lo busque. - Fabrique una *alcancía* con una caja. - Hágale una ranura por la cual puedan pasar algunos objetos.

AREA	CONDUCTA	ACTIVIDADES
SOCIAL	- Demuestra los estados de ánimo; tristeza, alegría, desagrado, enojo y muestra preferencias. - Identifica las partes del cuerpo. - Imita gestos y expresiones. - Empieza a identificar los sexos. - Percibe la aprobación y la desaprobación de sus actos. - Llora si otro niño recibe más atención que él. - Coopera cuando lo visten. - Le da miedo ejercitar nuevas acciones.	- Extienda su mano y pídale al niño que le entregue algo que él tenga. - Hágale al niño juegos con las manos (aplaudir). - Haga usted movimientos que el niño ya sabe hacer y trate de que los imite. - Durante el día coloque al niño en algún lugar desde donde pueda presenciar las actividades de la madre y otras personas.
LENGUAJE	- Aprende palabras y los gestos correspondientes. Por ejemplo, cuando dice no, mueve la cabeza, al decirle adiós, agita la mano. - Puede repetir una palabra incesantemente, haciendo de ella una respuesta a cualquier pregunta. - Escucha con interés las palabras que le son familiares. - Entiende y obedece palabras y órdenes sencillas como *dame* o *toma*.	- Cuando lo mude o bañe, nómbrele al niño cada una de las partes de su cuerpo. - Muéstrele libros de cuentos donde aparezcan láminas de objetos conocidos para el niño y dígale claramente el nombre correcto de cada uno de ellos.

GUIA DE DESARROLLO DEL NIÑO
ONCEAVO MES

AREA	CONDUCTA	ACTIVIDADES
MOTRIZ	- Se para solo. - Puede ponerse de pie sin apoyo. - Cuando está de pie se tambalea. - Sube escaleras gateando. - Camina si lo toman de una o de las dos manos. - Estando sentado, se puede inclinar y recuperar la posición. - Agarra los lápices para hacer rayas. - Se quita las medias.	- No deje al niño demasiado tiempo en la cama, corral o silla porque ahora necesita ejercicio para caminar. - Con una frazada haga un rollo de manera que quede lo más duro posible y monte al niño encima. Déjelo hacer los movimientos que él desee. - Permítale jugar con el agua: objetos dentro de ella y el niño dentro de ella.
ADAPTATIVA	- Explora la relación entre el continente y el contenido. - Levanta la tapa de una caja. - Hace garabatos en un papel. - Puede usar ambas manos simultáneamente en actividades diferentes. - Experimenta con los objetos para conseguir un fin. - Puede colocar argollas en un palo y luego sacarlas. - Mira con interés las ilustraciones de los libros.	- Déle comida semisólida (puré, gelatina) y permítale comer con la cuchara. - Entréguele un lápiz y un papel y motívelo para que raye en el papel. No lo deje solo mientras realiza esta actividad. - Léale un cuento y muéstrele las ilustraciones del mismo. - Cuando esté jugando, pásele algunos objetos envueltos en papel para que él de los desenvuelva.

AREA	CONDUCTA	ACTIVIDADES
SOCIAL	- Busca la imagen de los objetos en el espejo. - Aumenta su dependencia hacia la madre. - Obedece órdenes. - Busca recompensa. - No le gusta que lo obliguen a aprender. - Comprende el significado de *no*. - Se siente culpable cuando hace algo indebido y lo demuestra. - Imita los movimientos de los adultos. - Juega en forma paralela con otros niños pero no con ellos. - Trata de sobrepasar los límites que le ponen sus padres.	- Permítale jugar con otros niños de su edad. - No lo deje solo; haga que juegue cerca a donde usted está realizando sus actividades. - Déle un vaso sin líquido y permítale que juegue llevándoselo a la boca. Cuando aprenda a hacerlo, colóquele líquido para que él lo tome. - Enséñele al niño a expresar diferentes sentimientos con gestos. - Haga que el niño lleve el ritmo de una melodía golpeando sus manos o algunos objetos entre sí.
LENGUAJE	- Imita las lecciones, los ritmos y las expresiones faciales con más certeza. - Repite una sílaba durante un tiempo largo *da, da, da.* - Comienza a diferenciar las palabras. - Su habla se compone de varios sonidos. - Reconoce las palabras como símbolos del objeto: avión, señala al cielo.	- Pídale al niño las cosas con las que está jugando para que se las entregue. *Dame la taza.* - Trate de que el niño colabore mientras lo viste. Dígale: *Levanta las manos, Mete la mano aquí,* etc.

GUIA DE DESARROLLO DEL NIÑO
DOCEAVO MES

AREA	CONDUCTA	ACTIVIDADES
MOTRIZ	- Asume la posición de cuclillas. - Apoya las manos en el suelo y se para. - Algunos inician la marcha. - Para pasar de posición de pie a sentado no se deja caer; fleja las piernas y se agacha hasta sentarse. - Quita las tapas de los frascos. - Prefiere una mano a otra. - Utiliza el índice para indicar. - Puede empujar los objetos.	- Al niño de doce meses le gusta permanecer en movimiento. - Coloque al bebé en un lugar plano y seguro donde pueda realizar cambio de posición y desplazarse libremente. - Coloque objetos que llamen la atención del niño en diferentes partes de la habitación y a diferentes alturas y estimúlelo para que llegue a ellos. - Permítale jugar con objetos de uso cotidiano: cuadros, peinillas, teléfonos y enséñele el uso de cada uno de ellos. - En los días soleados, lleve al niño al parque y juegue con él en el columpio, en la rueda, etc. - Deje a su alcance cubos y frascos plásticos (irrompibles) para que él los manipule.
ADAPTATIVA	- Alcanza con precisión un objeto aunque deje de mirarlo. - Encuentra los objetos escondidos y puede buscarlos en más de un lugar. - Se percibe a sí mismo como diferente al resto de las cosas. - Mediante la experimentación aprende nuevas formas de resolver problemas. - Construye una torre con dos o tres cubos por imitación.	- Esconda objetos llamativos para el niño, en sitios diferentes y pídale que los busque aun cuando no lo haya visto esconderlos. - Permítale manipular juegos de encaje y motívelo para que encaje círculos por ensayo y error. - Déle un frasco con cubos en su interior y dígale al niño que los saque y los meta nuevamente. - Permítale jugar con libros ilustrados dejando que él pase las hojas aunque no lo haga de una en una. - Entréguele un lápiz y un papel y permítale garabatear libremente. - Realice juegos con muñecos relacionados con el esquema corporal como por ejemplo acostar al bebé y cerrarle los ojitos.

AREA	CONDUCTA	ACTIVIDADES
SOCIAL	- Expresa diferentes emociones y las reconoce en otras personas. - Teme a personas y lugares extraños. - Desarrolla sentido del humor. - Demuestra afecto a personas y objetos. - Entrega un juguete si se lo piden. - Insisten en comer solos. - Coopera cuando lo visten.	- Oiga música infantil con su bebé y motívelo para que lleve el ritmo con las manitas y su cuerpo. - Permítale participar de las reuniones familiares y atienda cuando él realice ruidos o imite acciones de los adultos. - Cuando esté comiendo colóquele un plato plástico hondo para que él trate de comer con la cuchara. - Si el niño desea, permítale comer con la mano.
LENGUAJE	- Produce sonidos más parecidos al lenguaje de los padres. - Practica las palabras que sabe como mamá, papá, nana.	- Repita cada una de sus vocalizaciones. - Juegue con el niño a imitar expresiones de temor, ira, alegría. - Permítale jugar enfrente de un espejo y estimúlelo para que emita vocalizaciones que se convertirán en una elocuente jerga. - Realice juegos con la pelota de *toma y dame*.

GUIA DE DESARROLLO DEL NIÑO
DE 12 A 18 MESES

AREA	CONDUCTA	ACTIVIDADES
MOTRIZ	- Se pone de pie solo. - Sube a muebles y escaleras arrastrándose - Equilibrio en posición bípeda y andando. - Permanece de rodillas sin apoyo. - Sube escaleras de la mano sin alternar los pies. - Camina hacia atrás varios pasos.	- Coloque al niño de rodillas cerca de un mueble y anímelo para que se levante cogido de él. Se le irá retirando la ayuda física. - Estando en posición de gateo, anímelo a realizarlo sobre cojines colocados en el suelo. - Anime al niño a subirse en sillones de adulto. - Colóquelo en posición de gateo al principio de las escaleras y motívelo a subir. - Colóquelo de pie con la espalda contra la pared, póngase usted delante de él con los brazos extendidos al mismo tiempo que le dice *ven*. - Estando de pie ofrézcale una pelota para que él la lance. - Estando de pie ofrézcale un juguete atado a un cordón para que lo arrastre y anímelo a andar tirando de él. - Coloque al niño ante un espejo grande y sitúese usted detrás de él, de manera que se vean ambos, anímelo a andar hacia atrás varios pasos por imitación.
ADAPTATIVA	- Mete objetos en recipientes. - Realiza trazos. - Construye torres hasta de cuatro cubos - Pasa páginas de un libro. - Abre y arma recipientes. - Saca objetos dando la vuelta al frasco. - Encaja recipientes de diferentes tamaños.	- Déle recipientes de diferentes tamaños y enséñele a encajar. - Déle al niño una tiza para que realice garabatos en un tablero., - Enséñele a construir torres por imitación. - Déle libros de páginas gruesas para que él pase las hojas. - Proporciónele frascos y cajas para que las abra y las cierre. - Entréguele juegos de encaje para que los realice por ensayo y error.

AREA	CONDUCTA	ACTIVIDADES
SOCIAL	- Se reconoce en una fotografía. - Inicia control de esfínteres durante el día. - Se quita medias, zapatos y gorro. - Come solo pero derrama. - Coge el vaso, bebe y lo deja sobre la mesa.	- Muéstrele una fotografía de él y dígale su nombre, señalando la imagen. - Establezca un horario para llevarlo al baño. Si elimina en la bacinilla refuércele la conducta. - Permítale quitarse los zapatos cuando estén desamarrados. - Permítale quitarse las medias. Procure que éstas no sean apretadas para facilitar la acción. - Permítale comer solo aunque riegue los alimentos.
LENGUAJE	- Obedece instrucciones sencillas. - Imita movimientos de la lengua y los labios. - Sopla. - Reconoce partes del cuerpo en sí mismo y en otra persona.	- Déle órdenes de una sola acción referentes a personas y objetos conocidos por él - Colóquese con el niño ante un espejo y realice movimientos con la lengua y los labios para que el niño los imite. - Encienda una vela delante del niño y apáguela soplando, frunciendo exageradamente los labios. Vuelva a encender la vela y dígale al niño *Ahora sopla tú.*

GUIA DE DESARROLLO DEL NIÑO
DE 18 A 24 MESES

AREA	CONDUCTA	ACTIVIDADES
MOTRIZ	- Sube y baja escaleras con apoyo y sin alternar los pies. - Patea una pelota grande. - Corre.	- Suba y baje las escaleras con el niño de la mano, sin exigirle rapidez y haciendo especial esfuerzo en que él se siente seguro. - Cuando el niño ya realice la actividad, pídale que haga lo mismo, apoyándose en la barandilla de la escalera. - Juegue con una pelota grande, primero la pateará usted y luego pídale al niño que imite lo que ha observado. - Tome al niño de la mano y anímelo a andar lo más rápido posible. - Juegue con el niño a perseguirlo para que tenga que correr.
ADAPTATIVA	- Imita trazos. - Construye torres de seis cubos. - Construye un tren con cubos. - Parea dos colores - Iguala dos dibujos. - Distingue círculo y cuadrado.	- Realice en el tablero una línea horizontal y pídale al niño que la imite. - Permítale al niño pintar con los dedos. - Realice construcciones usted y pídale al niño que la imite. - Déle bloques lógicos de igual forma y tamaño pero de diferente color para que juegue. Así familiariza al niño con un color determinado *rojo*. Luego muéstrele una ficha roja y dígale *Muéstrame una igual a ésta*. - Déle material para encajar un círculo y un cuadrado, independiente cada pieza. Preséntele al niño el círculo metido en su encaje. Dígale *círculo*, sáquelo y déselo diciéndole *coloca al círculo*, ayudándole si es necesario para hallar el lugar correcto.

AREA	CONDUCTA	ACTIVIDADES
SOCIAL	- Ayuda a guardar sus juguetes. - Utiliza la cuchara sin problemas. - Avisa para orinar. - Se coloca el gorro y las medias.	- Al terminar el día ordene la habitación en compañía del niño y exíjale su colaboración. - Permítale comer alimentos sólidos con cuchara. - Motívelo y prémielo cada vez que avise para orinar en el baño. - Juegue con el niño a imitar actividades de los adultos. - Cuando esté vistiéndolo, permítale jugar a colocarse las prendas.
LENGUAJE	- Señala partes del cuerpo en un dibujo. - Tiene noción de *uno* y *mucho*. - Obedece instrucciones de dos órdenes. - Asocia dos palabras. - Dice *sí* o *no* con sentido. - Comprende el concepto de *grande* y *pequeño*.	- Déle órdenes que contengan dos instrucciones verbales. - Juegue con el niño a imitar sonidos. - Hágale preguntas para responder *sí* y *no*, por ejemplo: ¿*Esto es tuyo?* - Realice juegos con objetos de diferentes tamaños y pídale que identifique cada uno de ellos: *Dame el perro grande.* - Muéstrele libros y pídale que nombre los dibujos que le sean conocidos.

GUIA DE DESARROLLO DEL NIÑO
DE 2 a 3 años

AREA	CONDUCTA	ACTIVIDADES
MOTRIZ	- Alterna los pies al subir escaleras. - Camina respetando límites. - Lanza y atrapa una pelota con las dos manos. - Salta en los dos pies sin apoyo. - Maneja el triciclo. - Intenta sostenerse en un pie.	- Permítale desplazarse en forma independiente; esto cuando la casa tenga escaleras. - Hágalo caminar sobre ladrillos o tablas sin perder el equilibrio. - Juegue con el niño a lanzar y recibir una pelota de tamaño medio. - Realice actividades de salto, como colocarlo en el último escalón de la escalera y déle la mano para que salte. - Vaya disminuyéndole progresivamente el apoyo.
ADAPTATIVA	- Ensarta cuentas pequeñas - Construye torres de 10 cubos. - Imita trazos. - Construye un puente con tres cubos. - Iguala hasta seis dibujos.	- Utilice juegos de ensartado. Realice usted la actividad y pídale al niño que la imite. - Permítale jugar con cubos y realice usted construcciones para que el niño la imite. - Realice juegos de lotería con el niño. Procure que las figuras sean familiares para el niño. - Preséntele al niño un rompecabezas de tres piezas y de una figura conocida para él. Armelo usted primero y luego pídale al niño que lo realice.

AREA	CONDUCTA	ACTIVIDADES
SOCIAL	- Juega con otros niños - Respeta turnos. - Se lava y seca sus manos con ayuda. - Sube y baja cremalleras.	- Realice actividades grupales como jugar al escondite, echar carreras, etc. - Haga que el niño realice actividades de cooperación con participación de varios niños. - Permítale lavarse y secarse las manos pero ábrale usted el grifo. Colabórele recordándole los pasos. - Cuando lo esté vistiendo y desvistiendo, permítale subirse y bajarse la cremallera del pantalón.
LENGUAJE	- Señala las partes del cuerpo en un dibujo. - Emplea plurales. - Emplea pronombres. - Dice su nombre. - Comprende los conceptos de arriba, debajo, dentro, fuera. - Construye frases de tres palabras.	- Hable con el niño, preguntándole a quien pertenecen las cosas para que utilice los pronombres. - Coloque varios objetos conocidos en frente del niño y motívelo para que diga el plural. - Pregúntele al niño cómo se llama; si no sabe, dígale el nombre y pídale que lo repita. - Entréguele objetos al niño y déle órdenes, tales como *Coloca la pelota encima de la silla*; si él no sabe, hágalo usted y pídale al niño que la imite. - Realice juegos donde el niño tenga que reconocer las partes del esquema corporal, primero en él mismo, después en otra persona y finalmente en un muñeco o lámina.

BIBLIOGRAFIA

Alvarez, Benjamín. *El niño y su ambiente.* La perspectiva educativa Instituto Interamericano del Niño. Montevideo, 1978.

Alvarez, Francisco. *Prevalencia de la desnutrición y brecha alimentaria.* Desarrollo infantil y educación no-formal. FEPEC- CEDEN. Bogotá, 1977.

Alvarez, Francisco. *Desarrollo y aplicación de un modelo de servicio de salud, nutrición y estimulación psicológica, con un programa de educación no-formal.* (Documento preliminar). FEPEC- CEDEN, 1975.

Alvarez, Francisco. *Prevalencia de la desnutrición y desarrollo mental de niños: de 12 a 24 meses de edad.* FEPEC-CEDEN, Bogotá, Colombia, 1977.

Aristizábal, A. y Rodríguez, M. *Aspectos educativos. Desarrollo infantil y educación no-formal.* FEPEC-CEDEN. Bogotá, 1977.

Baker, B.L. and Heifetz, L. J. The Read Proyect: *Teaching manuals for parents of retarded children.* In Tjossem, T.D. (ed.). *Intervention Strategies for High Risk Infants and Young Children.* University Park Press. Baltimore, 1976. Baltimore.

Bluma, S., Shearer, M., Frohman, A. and Hilliard, J. *Guía Portage de educación preescolar.* Cooperative Education Service Agency 12, Portage. Wisconsin, 1977.

Boyd, Ricard and Stauber, Kathleen. *Adquisition and Generalization of Teaching and Child Management Behavior in Parents of Preschool Handicapped Children: A comparative Study.* Portage Project. Wisconsin, 1978.

Bralic, E., Haeussler, I., Lira, I., Montenegro, H. y Rodríguez, S. *Estimulación temprana.* CEDEP-UNICEF, 1978.

Bralic, S. y Lira, M. I. *Experiencias tempranas y desarrollo infantil.* SNS. Santiago de Chile, 1977.

Caldwell, B.M. Home observation for the measurement of the environment (HOME). *Instruction Manual.* Center for Early Development, Education and Human Development. Little Rock. Arkansas, 1971.

Carrillo, Martín. *Guía de estimulación motora temprana.* UNICEF. México, 1981.

Christiansen, Niels; Vouri, Lea, Mora, José Obdulio. et al. *El ambiente social y su relación con la desnutrición y el desarrollo mental.* Educación Hoy, año VII, No. 42, Bogotá, 1977.

Cravioto, J. and Robles. B. Evolution of Adaptive and Motor Behavior During the Rehabilitation from Kwashiorkor, Am. *Orthopsychiatry,* 35: 449-464, 1965.

Cravioto, J., *La desnutrición proteicocalórica y el desarrollo psicológico del niño*. Boletín de la Oficina Sanitaria Panamericana, 61 (4): 285-306, 1966.

Evans, J. and Lleld, E. *Good Beginnings*. High Scope Press. Michigan, 1982.

Garber, H. and Herber, F. R. The Milwaukee Project. *Indications of the effectiveness of early intervention in preventing mental retardation*. In Mittler, P. (ed.). Research to Practice in Mental Retardation, vol. I. University Park Press Baltimore, 1977.

Gingold, W. Developmental infant program. A computer-generated treatment-progress program. En Mittler, P. (ed.). *Research to Practice in Mental Retardation,* vol. I. University Park Press. Baltimore, 1977.

Gordon, R., Jacobson, C., Gitler, B., Schwartz, B., Ezrachi, O. and Brenner, D.C. *Evaluation of Behavioral Change*. Park III: Interaction between program and parents. Final report to the U.S. Departament of Health, Education and Welfare, Office of Education, Bureau of Education for the handicapped, 1975.

Gray, S.W. Home-based mothers of young children, In Mittler, P. (ed.). *Research to Practice in Mental Retardation*, vol. I. University Park Press, Baltimore, | 1977.

Haley, Jay, *Terapia no convencional*. Amorrortu. Buenos Aires, 1980.

Herber, F. R. Socio-cultural Mental Retardation. A longitudinal study. Presentado en la Vermont Conference on the Primary Prevention of Psychopathology, 1976.

ICBF. *Investigación sobre desnutrición y desarrollo mental*. Bogotá, 1982.

Lambie, D. Z., Bond, J. T. and Weikart, D.P. Home Teaching with Mothers and Infants. High Scope Educational Research Foundation. Ypsilanti, Michigan,) 1974.

Mckay, H.; Sinisterra, L., Mackay Y, A. et al. *Cognitive Growth in Colombia Malnourished Preescholars*. Science, NS. 200-270, 1978.

Mockeberg, Fernando. Effect of Early Marasmic Malnutrition and Subsequent Physical and Psychological Development. *Malnutrition, Learning and Behavior*. Scrimshaw, N. and Gordon, J. (eds.). MIT Press. Cambridge, 1968.

Mora, J. O. et al. *La estimulación precoz en la prevención del retardo mental en niños marginados*. Instituto Colombiano de Bienestar Familiar (ICBF). (Mimeografiado). Bogotá, Colombia, 1975, 20 pp.

Mora, J. O. et al. *Prevalencia de la desnutrición infantil en el sur de Bogotá*. Instituto Colombiano de Bienestar Familiar (ICBF). (Mimeografiado). Bogotá, Colombia, 1977.

Mora, J. O. *Períodos óptimos de intervención en niños de alto riesgo de retardo en el desarrollo.* Educación Hoy, año VIII, N° 45. Bogotá, 1978.

Montenegro, H., Rodríguez, S., LIRA, M. I., Haeussler, I. M. y Bralic, S. *Programa piloto de estimulación precoz para niños de nivel socioeconómico bajo entre 0 y 2 años.* Informe final. SNS. Santiago de Chile, 1977.

Nacimiento, J. *Estimulación precoz en síndrome de Down*, Caracas, Venezuela. Trabajo presentado al IV Congreso Internacional, auspiciado por la Asociación Americana de la Deficiencia Mental, Washington D.C, 1976.

Piaget, Jean. *El nacimiento de la inteligencia en el niño.* Aguilar. Madrid.

Pollit, E. *Early Childhood Intervention Programs in Latin America: A Selective Review.* Report presentd to the office of Latin America and the Caribbean International Division. (Mimeo), The Ford Foundation, 1978.

Ramey, C. T. and Campbell, F.A. *Prevention of development retardation in highrisk children.* In Mittler, P. (ed.). Research to Practice in Mental Retardation, vol. I. University Park Press. Baltimore, 1977.

Scrimshaw, N. S. and Gordon, J. E. *Malnutrition, Learning and Behavior.* 10 MIT Press. Cambridge, USA, 1968.

Tjossem. T. D. Early intervention: Issues and approaches. In Tjossem, T.D. (ed.). *Intervention Strategies for High Risk Infants and Young Children.* University Park Press. Baltimore, 1976.

Toro J. Bernardo, Alvarez, F., Rodríguez, M. y Aristizábal, A. *El Desarrollo del Niño a través de la Familia y la Comunidad, Educación Hoy. N° 42.* FEPEC-CEDEN. Bogotá, 1977.

UNESCO, INTERNATIONAL CHILDREN'S CENTER. *The child from Birth to Six Years Old.* UNESCO. París, 1978.

Vernon, P. E. *Inteligence Testing on the Nature-Nuture Debate.* 1928-1978: What next? British Journal of Ed. Psych., 49 (1), 1979.

E42/E1/R1/01

Esta edición se terminó de imprimir en junio de 2001. Publicada
por ALFAOMEGA GRUPO EDITOR, S. A. de C V. Apartado Pos-
tal 73-267, 03311, México, D. F. La impresión se realizó en
IMPRESORA CASTILLO HNOS., S.A. de C.V., Fresno No. 7,
Col. El Manto, 09830, México, D.F.

Visítenos en Internet:

http://www.alfaomega.com.mx

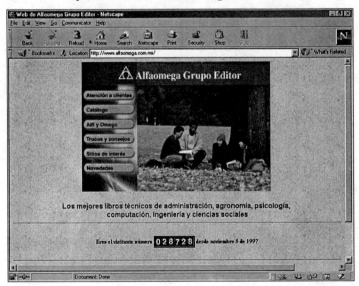